電動航空機がもたらす
MaaS革命

日経BP社
根津禎 著

空飛ぶクルマ

日経 xTECH
日経BP社

Cars flying in the sky

Bell Helicopterの「Bell Nexus」(撮影:日経 xTECH)

Audiなどの「Pop.Up Next」(撮影:日経 xTECH)

Kitty Hawkの「Flyer」(撮影:日経 xTECH)

OPENERの「BlackFly」の試作機(撮影:日経 xTECH)

Cars flying in the sky

SkyDriveの空飛ぶクルマのイメージ（出所：SkyDrive）

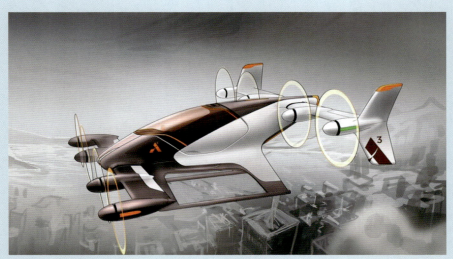

Vahanaの空飛ぶクルマのイメージ（出所：Airbus）

序章

離陸する「空飛ぶクルマ」、
先行する海外勢を日本が追う

　自宅や別荘から「空飛ぶクルマ」に乗って、渋滞に巻き込まれずに目的地までひとっ飛び——。これまでSF映画などで見られた光景が、2030年代に当たり前になるかもしれない。

　そう筆者に予感させたのは、毎年1月に米国ラスベガスで開催されるコンシューマーエレクトロニクスの世界最大級の展示会「CES」である。ここ10年、筆者はほぼ毎年CESに参加している。従来はテレビやオーディオ機器といったAV（オーディオビジュアル）機器が主役だったが、5年ほど前から自動車、特に自動運転車がその座を奪った。さらにウエアラブル機器やIoT機器など、さまざまなトピックも加わり、CESは「コンシューマーエレクトロニクスの総合展示会」の名にふさわしく、多様化の一途をたどっている。そんな中、2019年のCESの目玉の1つは、間違いなく「空飛ぶクルマ」だった。

　その象徴が、自動車関連の展示が集うラスベガスコンベンションセンターの北ホールに、大手ヘリコプターメーカーの米Bell Helicopter（ベルヘリコプター）が参考出展した空飛ぶクルマ「Bell Nexus」だ（写真0-1）。最新の自動車がずらりと並ぶ北ホールにあって、その実機はひときわ異彩を放ち、来場者の目をくぎ付けにした。それに限らず、スタートアップと呼ばれるような新興企業も空飛ぶクルマを出展し、空飛ぶクルマをテーマにしたセミナーも開催されるなど、コンシューマー分野でもいよ

写真0-1　CES 2019の「Bell Nexus」の展示には、多くの来場者が訪れた（撮影：日経xTECH）

いよ空飛ぶクルマが認知されてきた。

空飛ぶクルマは新たな金鉱脈

　空飛ぶクルマは、巨大市場に急成長する可能性を秘めた新しいモビリティー（移動手段）だ。それだけに、新興企業から大手企業までが主導権を握ろうと世界中で競争が激化している。

　端的に言えば、空飛ぶクルマは、航空機と自動車が融合したものである。いずれもすそ野が広い産業だけに、成長すればさまざまなメーカーに恩恵をもたらす。メーカーだけでなく、MaaS（Mobility as a Service）に関わるサービス事業者にとっても、目が離せないモビリティーである。

　そんな「新天地」が見えてきたにもかかわらず、日本の動きは鈍い。しかし、空飛ぶクルマを実現するうえで重要な「電動化」技術では、日本は

トップクラスにある。もともと大手電機メーカーが数多く存在したことに加え、ハイブリッド車や電気自動車といった電動車両の分野で日本の自動車メーカーが先行しているからである。中でも、離着陸や飛行に必要な回転翼（ローター）を回すモーターや、そのモーターを駆動するインバーター、インバーターの主要部品であるパワーデバイス、エネルギー源のバッテリーといった「パワーエレクトロニクス」は、日本の「お家芸」と言えるほどだ。

かつて世界市場を席巻した半導体や電機といった産業は勢いをなくし、輸出産業として存在感があるのは自動車や産業機器などとごく限られている。新たな産業の育成が喫緊の課題である日本にとって、空飛ぶクルマはその「萌芽」になり得る。

電動化だけでも大きな市場に

しかも、航空機の電動化技術に目を向けると、それ単独で大きな産業に成長する可能性が高い。一般に「空飛ぶクルマ」といえば数人乗りの小型機を指すが、航空機の電動化という見方をすれば、100人以上が乗る中型・大型の旅客機もその範疇に入る。小型機と中型・大型機では電圧や電流などの仕様は異なるが、基本となる電動化技術は同じである。つまり、小型機向けの電動化技術を中型・大型機に、中型・大型機向けの電動化技術を小型機に応用できるというわけだ。

小型機である「空飛ぶクルマ」は電動化によって新市場を作ろうという動きである。一方の中・大型機は、燃費や機体の管理コストの削減に加え、環境負荷低減の目標をクリアするために電動化が今後進んでいく。旅客需要の増加によって、航空機の数は今後20年間でおよそ2倍以上になると予測されている。にもかかわらず、航空機業界は「2005年比で2050年のCO_2排出量を半減」という目標を掲げている。それだけに、航

空機業界全体が電動化にまい進している。

2018年は空飛ぶクルマ「激動の年」

　空飛ぶクルマの市場が本格化するのは2025年以降とされ、「ずっと先の話」と思われるかもしれないが、新しい乗り物だけに、安全性の確保や安全基準の策定、運航管理システムの整備、技術開発など、実現に必要なエコシステムの形成に時間がかかる。すなわち、今まさに取り組み始めないと世界競争を勝ち抜けない。そんな空飛ぶクルマへの期待と日本の現状への危機感から、「日経 xTECH（クロステック）」や「日経エレクトロニクス」で筆者は関連する記事を継続して執筆してきた。

　振り返ると2018年は、空飛ぶクルマの実現に向けた動きが活発な年だった。そこで、この1年間の動きや業界の現状がよく分かるように、これまでの記事や取材内容をまとめ、空飛ぶクルマの「今」を整理・凝縮したのが本書である。

　10年以上前から、空飛ぶクルマを開発する企業は存在していた。しかし、大きな注目を集めるようになったのは、配車サービス大手の米UberTechnologies（ウーバーテクノロジーズ）が空飛ぶクルマを活用した「空のライドシェア」の構想を2016年に発表してからである。そのころから世界中のメディアでたびたび取り上げられるようになった。

　2018年になると、長らく空飛ぶクルマの製品化に取り組んでいた新興企業が製品化を発表したり、これまで「ステルス」状態にあった新興企業が表に出たりと、空飛ぶクルマの実現に向けて、業界が大きく動いた。さらにフランスAirbus（エアバス）グループや米Boeing（ボーイング）、英Rolls-Royce Holdings（ロールス・ロイス ホールディングス）といった航空機分野の大手メーカーも、その進捗状況をアピール。自動車メー

カーも取り組みを明かすなど、大小や新旧の入り乱れた、業界をまたぐ激しい主導権争いが勃発している。

日本も動く

　遅れていた日本の産業界も、2018年になって大きな一歩を踏み出した。空飛ぶクルマを日本の新産業に育てようと経済産業省が動いた。同省は国土交通省とともに官民の関係者が一堂に会する「空の移動革命に向けた官民協議会」を2018年8月に立ち上げた。空飛ぶクルマの開発を進める民間企業の将来構想や技術開発の見通しを基に、経済産業省や国土交通省といった「官」がその取り組みを支援するのが狙いだ。2018年12月に空飛ぶクルマ実現のロードマップを策定し、2019年に試験飛行・実証実験を行い、2023年には事業を始めることを決めた。ロードマップを発表した12月の会合には、経済産業大臣の世耕弘成氏が登壇。「ロードマップを『絵に描いた餅』にしない」と意気込んだ（写真0-2）。

写真0-2　「空の移動革命に向けた官民協議会」の第4回会合で経済産業大臣の世耕弘成氏が意気込みを語った（撮影：日経 xTECH）

コアとなる電動化技術に関しても、宇宙航空研究開発機構（JAXA）が中核となって2018年7月に「航空機電動化（ECLAIR）コンソーシアム」を立ち上げた。空飛ぶクルマのような小型機だけにとどまらず、中型・大型機まで、幅広い航空機で必要な電動化技術の目標を設定し、その実現に向けた研究開発を行う。同コンソーシアムも、電動化の開発目標や技術課題などをまとめた「将来ビジョンver.1」を2018年12月に公開。いよいよ2019年から本格的に動き出す。

さらに日本からも、空飛ぶクルマ実現を狙う新興企業が登場し始めるなど、日本でも大きなうねりが生じつつある。

航空機の電動化によるモビリティー革命に着目

本書では、こうした空飛ぶクルマや電動化を巡る一連の動きをまとめている。本のタイトルは『空飛ぶクルマ』としたが、本書では航空機の電動化によるモビリティー革命に着目しており、中・大型の航空機についても取り上げている。

本書は全5章からなる。

第1章では、ウーバーなどの欧米の新興企業や、航空機業界の外から領空侵犯を狙う企業の動きを中心に取り上げ、空飛ぶクルマ業界の現状を総括する。

第2章では、電動化技術が航空機業界全体に及ぼす影響を整理する。

第3章では、空飛ぶクルマや電動化という航空機業界の大きな変化に、航空大手がどう対抗しようとしているのか、その実態に迫る。

第4章では、航空機を舞台に加速する電動化技術の実態や主なプレーヤーを紹介。

そして第5章で、日本における空飛ぶクルマや電動化の取り組みを取り上げる。

本書を通じて、巨大産業の産声を感じていただければ幸いである。

目次

序章　離陸する「空飛ぶクルマ」、 先行する海外勢を日本が追う ……… 1

第1章　勃興する新市場「空飛ぶクルマ」 ……… 13

1-1　早くて安い「空飛ぶクルマ」、MaaS の一翼担う ……… 14

1-1-1　空飛ぶクルマの実体 ……… 14

1-1-2　背景にはパワエレ技術の進化 ……… 18

1-1-3　2035 年には 6.4 兆円市場に達するとの予測も ……… 21

1-1-4　自動車業界から領空侵犯 ……… 24

1-1-5　空飛ぶクルマ、3 つのハードル ……… 28

コラム トヨタが「空飛ぶクルマ」の特許出願、航空機大手がトップ3 ……… 34

1-2　百家争鳴、新興企業が大手に挑む ……… 41

1-2-1　米 Terrafugia（中国 Zhejiang Geely Holding Group が買収） ……… 41

1-2-2　オランダ PAL-V International　ジャイロコプターとして飛行 ……… 46

1-2-3　スロバキア AeroMobil　モーターアシストで垂直離陸 ……… 49

1-2-4　米 Samson Sky　自分で組み立てる空飛ぶスポーツカー ……… 49

1-2-5　米 OPENER（Google 創業者が支援する新興企業） ……… 52

1-2-6　米 Kitty Hawk（Google 創業者が支援する新興企業） ……… 56

1-2-7　中国 EHang　目的地の指定だけで自動飛行 ……… 61

1-3　空のライドシェアに賭ける Uber、 2023 年開始に向け急ピッチ ……… 63

1-3-1　規制当局やメーカーを巻き込み「uberAIR」を積極推進 ……… 63

1-3-2　5 社が eVTOL 機開発、Uber はサービスプロバイダーに徹す ……… 67

1-3-3　uberAIR にとって魅力的な都市「東京」................................72

コラム ウーバー CEO が語る、「空飛ぶタクシー」実現のシナリオ................75

1-4　Daimler や Intel を魅了するドイツの「空飛ぶクルマ」、Uber に挑戦状................**86**

1-4-1　注目はドイツ Volocopter（ボロコプター）................86

1-4-2　ボロコプターは 2020 年の実用化を狙う................91

1-4-3　ボロコプターは Uber のライバルに................94

第2章　電動化が変える航空機市場................**97**

2-1　電動化で始まる空の革命、あらゆるサイズの航空機に................**98**

2-1-1　成長する航空機産業................98

2-1-2　電動版ビジネスジェットで需要創出................100

2-1-3　パイロット不足が深刻、電動小型機で育成促す................106

2-1-4　推進効率向上で大幅燃費改善する大型機................108

第3章　破壊的イノベーションに備える航空大手................**113**

3-1　数百億円を投じて全方位で電動化を進める Airbus................**114**

3-1-1　eVTOL プロジェクト 1「CityAirbus」................115

3-1-2　eVTOL プロジェクト 2「Vahana」................116

3-1-3　eVTOL プロジェクト 3「Pop.Up」................122

3-1-4　Airbus のその他のプロジェクト................124

3-2　Boeing が自律型 eVTOL を試験飛行、日本との協力体制を強化................**129**

3-2-1　人を運ぶ自律飛行可能な eVTOL 機「PAV」................129

3-2-2　荷物を運ぶ自律型ドローン「CAV」................131

3-2-3	日本とタッグ	132

3-3　大手ヘリメーカーも参戦　134

3-3-1　電動の eVTOL 機「Bell Nexus」 134

3-3-2　「空飛ぶ配送車」開発 138

3-4　破壊的イノベーションに備える航空機エンジン大手　141

3-4-1　2020 年の「パーソナルエアモビリティー」実用を予測 141

3-4-2　Rolls-Royce が進める 3 つの研究開発プロジェクト 144

3-4-3　ターボジェネレーターメーカーとして生き残りを図る 146

第4章　加速する電動化技術の革新　149

4-1　目標は「クルマの 5 倍以上」、
パワー密度向上に向けた技術開発に拍車　150

4-1-1　航空機分野では「軽量化」を優先 150

4-1-2　ドイツの巨人 Siemens 151

コラム 墜落事故を越えて、電動化にまい進する Siemens 157

4-1-3　新興企業が Siemens に挑戦状 159

4-1-4　新たなアプローチに挑戦 165

第5章　電動航空機を日本の基幹産業に　173

5-1　空飛ぶクルマが日本の空へ、
オールジャパンで欧米勢に追走　174

5-1-1　「空の移動革命に向けた官民協議会」立ち上げ 174

5-1-2　JAXA が電動化を主導 177

5-1-3　有志団体「CARTIVATOR」 179

5-1-4　日本人とイスラエル人の夫婦が起業した「NFT」 183

コラム 電動化で変わる航空機の設計、部分最適から全体最適へ 186

注

・本書の内容は日経エレクトロニクス誌や日経 xTECHに掲載した記事を加筆・修正し、再編集しました。

・本書に登場する人物の肩書きなどは、イベント開催時や発表当時のものです。

・登録商標などを示す各種マークは省略しています。

・本書の内容は執筆時点の情報に基づいており、お読みになるときには変更になっていることがあります。

第 1 章

勃興する新市場「空飛ぶクルマ」

1-1

早くて安い「空飛ぶクルマ」、MaaSの一翼担う

　約50社の企業が参入し、投資額は3000億円を超え、2035年の市場規模は6兆円に達する——。新たな巨大産業になる得るモビリティー（移動手段）が今、離陸する。それが、「空飛ぶクルマ」だ。

　空飛ぶクルマに明確な定義はないものの、自動車やタクシー、バスなどのように、誰もが日常の移動のために利用できる手軽な新しい空のモビリティー（移動手段、乗り物）を指すことが多い。主に都市内、あるいは都市間の移動を想定したもので、「Urban Air Mobility（UAM、都市航空交通）」と呼ばれる。

1-1-1　空飛ぶクルマの実体

翼を折り畳んで走行し、翼を広げて飛行

　一口に空飛ぶクルマと言っても、さまざまな形態の機体があるが、2つの形態に集約できる。1つは、文字通り、自動車のように地上を走行できるタイプである。「ドライブモード」で自動車として地上を移動し、「フライトモード」で固定翼や回転翼（ローター）を備えた航空機に変形して飛行する。

　このタイプの空飛ぶクルマは、以下のような利用シーンが主に想定されている。（1）走行モードで道路を移動して空港まで向かい、（2）空港

14　空飛ぶクルマ　電動航空機がもたらすMaaS革命

第1章　勃興する新市場「空飛ぶクルマ」

写真1-1　2018年7月に開催された世界最大級の航空機のイベント「EAA AirVenture Oshkosh」に出展されたTransition。写真は固定翼を折り畳んだ状態（撮影：日経 xTECH）

に到着すると、飛行モードに変形して空中を移動する。（3）目的地そばの空港に着陸した後、再び走行モードに変形して、地上を移動して目的地に向かう。従来の移動に比べて、搭乗手続きや荷物の預け入れ／引き取りなど、乗り換えで生じる手間を削減できるのがウリである。

　このタイプの空飛ぶクルマとしてよく知られるのが、米国の新興企業（スタートアップ）Terrafugia（テラフュージア）の「Transition」である（写真1-1）。折り畳み型の固定翼を備えた機体で、走行モードでは固定翼を折り畳んでおき、飛行モードでは、固定翼を備えた小型航空機になる。航空機としては、米国で軽スポーツ航空機として認証を受けている。

ほかにも多種多様な走行・飛行可能な機体がある。例えば、フライト
モード時に「ジャイロプレーン（ジャイロコプター）」になるのは、オラ
ンダPAL-V International（パルヴィ　インターナショナル）の「PAL-V
Liberty（パルヴィ　リバティ）」だ。米Samson Skyの機体「Switchblade」
のように、地上走行時の高速性を前面に押し出し、「Flying Sports Car
（空飛ぶスポーツカー）」とアピールしているものもある。

垂直に離着陸できる小型航空機「eVTOL」

　もう1つは、ヘリコプターのように、垂直に離着陸できる小型航空機
である。従来のヘリコプターと区別するために、「VTOL（ブイトール）
機」と呼ばれる。VTOLとはVertical Take-Off and Landing（垂直離着陸）
の略である。

　前述の地上走行可能なタイプの場合、個人が所有・利用することを想
定するものが多い一方で、小型のVTOL機の場合は、「空のライドシェア」
や「スカイタクシー」というようなモビリティーサービスでの利用を前
提にしている企業が多い。

　モビリティーサービス向けでは、VTOL機の中でも電動推進系を用い
る「eVTOL（electric Vertical Take-Off and Landing）機」が前提になっ
ている。ローターをモーターで回転させて飛行するタイプである。レシ
プロエンジンやジェットエンジンといった内燃機関を用いる従来の小型
の固定翼機（ジェネラルアビエーション）やヘリコプターに比べて、燃費
の向上やメンテナンス負荷の低減が可能で、運用コストを大幅に削減で
きるからである。

　さらに、電動化によって、「『クアッドコプター』のように複数枚ロー
ターの構成を採用しやすくなり、飛行制御が容易になる」（VTOL機に

16　空飛ぶクルマ　電動航空機がもたらすMaaS革命

第1章 勃興する新市場「空飛ぶクルマ」

写真1-2　CES 2019に展示された「Bell Nexus」(撮影：日経 xTECH)

詳しい技術者)。従来の内燃機関では、「オスプレイのような2基のローターのVTOL機が基本となり、飛行制御が難しい」(同技術者)。実際、前述の米Bell Helicopter (ベルヘリコプター) のBell Nexusは、6基のローターを備えたeVTOL機である (写真1-2)。

　そのうえ、電動化で制御の応答性が高まる。これにより、AI (人工知能) 技術による飛行の自動 (自律) 化が進むと予測されている。自律飛行が可能になれば、操縦士 (パイロット) の人件費や操縦士の育成費用を削減でき、運航コストを一層抑えられる。

　航空機業界のパイロット不足が叫ばれる中、空のライドシェアが普及するとこの問題に拍車がかかる。遠隔操作や自律飛行はその解決策になり得る。

　このように、eVTOL機は運用コスト削減につながる特徴をいくつも

備えていることから、乗客の移動コストを一気に低減できると期待されている。加えて、内燃機関に比べてモーターは静かである。しかも、垂直離着陸が可能なので、省スペースで発着できる。建物が密集し、土地代が高い都市部でも、比較的離着陸しやすい。そもそも、空を飛ぶので自動車の渋滞とは無縁、という大きな利点がある。

　すなわち、「電動」「自律」「垂直離着陸」の３つを備えたeVTOL機によって、誰もが気軽に空を移動できるようになる。こうした期待から、「空飛ぶクルマ＝eVTOL機」と定義する向きが強い。

1-1-2　背景にはパワエレ技術の進化

自動車とドローンが技術進化と低コスト化をけん引

　こうした利点は以前から知られていたものの、ここにきてeVTOL機の取り組みが活発になったのは、電動推進系に不可欠なパワエレ技術が著しく進化したことが大きい。ハイブリッド車や電気自動車といった電動車両向けに、モーターやモーターを駆動する「インバーター」の小型・軽量化や高出力化、バッテリー（２次電池）の容量増大やコスト削減が進み、１〜４人乗りの小型eVTOL機であれば電気だけで飛行できる水準に達した。具体的には、搭載する２次電池の電力だけで、時速100〜200kmほどで数十kmの距離を20分前後で移動するeVTOL機を「実現できるレベルになった」（VTOL機に詳しい技術者）。

　さらに、小型のドローン分野で遠隔操作や自律飛行の技術が進展し、「無人」のeVTOL機の実現も射程に入った。自律飛行に必要な高解像度カメラやレーダー、LiDARといったセンサー類も、自動運転車向けで性能向上とコスト削減が進んでいる。多数の小型ドローンを同一空域内でぶつからないように飛行させる運航管理システムの開発も世界中で行わ

第1章　勃興する新市場「空飛ぶクルマ」

れている。エンターテインメント分野では、ライトを点灯させた数百台のドローンを操って花火のように見せる演出は、もはや当たり前のように実施されている。

　さらに、多数の小型ドローンが飛び交うためのレギュレーション（規制）の策定が世界中で進んでいる。こうしたドローン向けの運航管理システムやレギュレーションを基に、eVTOL機へ応用できれば、都市の空を多数のeVTOL機が飛び交うのも夢ではない。

　この結果、早ければ2020年代前半からeVTOL機タイプの空飛ぶクルマの実用化が始まり、2020年代後半には自律飛行可能なeVTOL機が実用化されるだろう。それに先立ち、地上走行型の空飛ぶクルマが2019年から製品化される見込みだ（図表1-1）。

	2019年ごろ 地上走行型の空飛ぶクルマ	2020年代前半 電動の小型VTOL機

乗員数	4人以下	数人
主な推進力	従来の軽飛行機用エンジン	フル電動
主な用途	個人用	ライドシェア
移動範囲	都市間交通 （地上移動を含めて数百km）	都市内、あるいは都市近郊 （数十km）
認証	軽飛行機やスポーツ機といった既存の小型機の認証が必要	**まったく新しい認証基準が必要**
電動化技術	既存技術で実現可能	既存の延長技術に加えて、**新たな低騒音化技術が必要**
インフラ	既存の空港を利用可能	**専用の離着陸場の新設が必要**

図表1-1　2019年ごろから地上走行型の空飛ぶクルマの製品化が始まる。次に、早ければ2020年代前半にeVTOL機が実用化される見込みである（出所：日経エレクトロニクス）

移動時間は数分の１、運賃は1/10に

早くて安くて渋滞知らず。そんな特徴を備えたeVTOL機が技術面で現実味を帯びてきたことから、MaaS（Mobility as a Service）の一翼を担えると目を付けた企業が次々と登場している。その代表格が、配車サービス大手の米Uber Technologies（ウーバーテクノロジーズ）だ。同社は、空のライドシェア「uberAIR」を2023年に開始することを目標に掲げ、精力的に活動している。

同社の試算によれば、eVTOL機を用いたライドシェアであれば、自動車に比べて移動時間を数分の１にできるという。例えば、ラッシュアワー時にロサンゼルス国際空港から、ロサンゼルスのダウンタウンにある「STAPLES Center」へ移動する場合、既存のライドシェア「uberX」だと最大１時間20分かかるものの、uberAIRであれば、uberXなどで離着陸場にクルマで移動する時間を合わせても30分以内に到着できると試算する。

さらに、いずれは配車サービスよりも安価にできるとみる。Uberが2018年５月に開催したイベント「Elevate Summit」で示した試算では、uberAIRの開始直後から、既存のヘリコプターに比べて移動にかかるコストを抑えられるとした。具体的には、乗客１人、１マイル（約1.6km）当たりの移動コストは5.73米ドルと、既存のヘリコプターを利用した場合のおよそ2/3にできるという[注]。

注　根津、「超高出力モーターで垂直離陸、『空の電動化』をウーバーが主導」、『日経エレクトロニクス 2018 年 7 月号』

サービス開始からしばらく時間が経過し、利用者が増えれば、いずれ自動車のライドシェアよりも安価になるとみる。さらに自律飛行でパイロットを不要にできれば、乗客１人、１マイル当たりの移動コストは1/10以下の0.44米ドルにまで下げられるとの試算結果を示した。

第1章　勃興する新市場「空飛ぶクルマ」

機体価格もいずれ安価になる可能性が高い。Uberの試算によれば、eVTOL機の価格は発売当初、年100台の生産で価格は120万米ドル（約1億3200万円、1米ドル110円換算）ほどとヘリコプターより高価になるものの、年5000台の生産規模になれば、20万米ドル（2200万円）とヘリコプターの半分になるとみている。

渋滞問題を解決する

eVTOL機に対して、行政側も期待を寄せる。世界中の都市で課題になっている自動車の渋滞問題を解決する手段になるからだ。今後は、より一層、都市部に住む人々の比率が増えていくと予想されており、交通渋滞は世界中の都市部において共通する喫緊の課題である。

実際、いくつかの都市では、eVTOL機を利用したエアタクシーやライドシェアに関する実証試験が既に行われており、今後もさまざまな都市で実施される。例えば、Uberは、2020年に米国のダラスとロサンゼルスでuberAIRの実証試験を実施する予定だ。加えて、同年に米国外の都市での実証試験を行いたいとしている。この他、中東ならドバイ、アジアであればシンガポールといった具合で、世界各地で実証に向けた動きが加速している。日本でも、実証試験を実施しようとする動きが出てきている。

1-1-3　2035年には6.4兆円市場に達するとの予測も

都市内や都市周辺の交通網として、うってつけと言える空のライドシェア。それだけに、潜在需要は大きい。既にその萌芽はある。例えばフランスAirbus（エアバス）グループが2017年4月からブラジル・サンパウロでオンデマンドヘリコプターサービス「Voom」を始めたところ、開始から

21

しばらくの間、月間200％以上のペースで利用者が増えていったという。この利用拡大を受けて、AirbusグループであるAirbus Helicopters（エアバス・ヘリコプターズ）と共同で事業を拡大している。現在では、サンパウロだけでなく、メキシコシティでもサービスを実施している。

　一定の需要を確認できたヘリコプターによるオンデマンドサービスよりも、燃費や維持費を抑制できてより安い運賃が可能なeVTOL機には、より多くの利用者が見込める。それゆえ、自動車のライドシェアのように、市場が急成長する可能性を秘めるとして、航空業界やMaaS業界、投資家などから熱い視線を浴びている。

　ドイツPorsche（ポルシェ）関連のコンサルティング企業Porsche Consultingが2018年に示した予測によれば、2025年からeVTOL機を利用したモビリティーサービスが徐々に始まり、eVTOL機の数は2035年に約２万3000機、モビリティーサービスなどを含めた全体の市場規模は約320億米ドル（1米ドル110円換算で約3.5兆円、以下同）に達するとみている[注]。このうち、都市内の移動が６割以上を占めて約210億米ドル（約2.3兆円）、残りの約110億米ドル（約1.2兆円）を都市間の移動が占めるとみる。eVTOL機の機体数では、都市内の移動向けで約１万5000機、都市間の移動で約8000機を見込んでいる。

　ただし、新市場かつ2035年という15年以上先の予測だけに、振れ幅は広い。例えば、eVTOL機による都市内移動の市場規模に関して、前述の約１万5000機、約210億米ドルという予測を「Base（基本）」とすると、「conservative（保守的）」な予測では約3000機で約40億米ドル（約4400億円）、Baseを超えて普及した場合の「Progressive」な予測では、約４万3000機で約580億米ドル（約6.4兆円）に達する。

注　Porsche Consulting、「The Future of Vertical Mobility」、『Porsche Consulting study』

既に100億円を調達した新興企業も

　予測の幅は広いものの、約6.4兆円を超える新市場が誕生する可能性があることから、大手企業からスタートアップと呼ばれるような新興企業まで、国内外の数多くの企業がeVTOL機や同機を利用した都市航空交通の分野になだれを打って参入してきている。さらに自動車業界という「異業種」からの参戦も相次ぐ。すなわち、空飛ぶクルマを舞台に、「新興企業 vs 大手企業」「航空機業界vs自動車業界」「海外vs日本」といった構図で激しい主導権争いが始まっているのである。

　コンサルティング企業のドイツRoland Berger（ローランド・ベルガー）の調べによれば、小型機から大型機を含めて、電動航空機を開発中の企業は100社ほど。このうち約半分が都市航空交通向けの機体を手掛けるという。すなわち、50社ほどの企業がeVTOL機（空飛ぶクルマ）の開発にしのぎを削っていることになる。

　さらに投資額も大きい。Porsche Consultingによれば、既に30億米ドル（約3300億円）がVTOL機によるモビリティーに投資されているという。このうち、2016年だけで５億米ドル（約550億円）が投じられたとみる。

　2017年以降も、この傾向は続いている。例えば、新興企業の中で100億円を超える多額の資金調達に成功して注目されたのが、ドイツLilium Aviationと米Joby Aviationだ。ドイツLilium Aviationは2017年９月、「シリーズB」で9000万米ドル（約99億円）を調達。この時点で累計投資額は１億米ドル（約110億円）を超えたと発表した。調査会社の米Crunchbaseの調べによれば、2017年９月時点の調達額は１億140万米ドル（約111億5400万円）に達する。Jobyも、2018年２月に１億米ドル（約110億円）の出資を新たに受けたと発表。業界を驚かせた。

いずれの企業も、その後は大きな発表をせず、メディアの取材も受けない、講演も行わないという「ステルス」状態に入った。資金調達をするための「宣伝期間」は終わりと判断し、実用化に向けた機体開発に集中しているとみられる。

この2社が新興企業の東西の「横綱」だとすれば、1億円以上といった多額の資金を集めた「小結」「関脇」「大関」クラスの新興企業がひしめき合う。地上走行型の機体や、eVTOL機を手掛ける新興企業が、それぞれ空飛ぶクルマ市場の主導権を握ろうと研究開発を加速している。

1-1-4　自動車業界から領空侵犯

新興企業だけでなく、自動車業界からeVTOL機に参入する動きが出ている。配車サービスのUberに加えて、自動車メーカーが参戦してきた。電動車両で培ったモーターやインバーター、2次電池といった電動化技術を活用できるとみているためである。さらに、量産の面で「従来の航空機よりもむしろ自動車に近い」（複数のeVTOL機メーカー）ことから、自動車メーカーの動きが目立ち始めた。

例えば、中国Geely Automobile（吉利汽車）やスウェーデンVolvo（ボルボ）、英Lotus（ロータス）などを傘下に収める中国Zhejiang Geely Holding Group（浙江吉利控股集団）が、前出の新興企業Terrafugiaを2017年11月に買収した。

ドイツの自動車メーカーも、eVTOL機に対して積極的だ。例えば、Volkswagen（VW、フォルクスワーゲン）グループのAudi（アウディ）、同グループのイタリアのデザイン企業Italdesign GiugiaroはフランスAirbus（エアバス）グループとともに、道路や空中を移動する、完全自

第 1 章　勃興する新市場「空飛ぶクルマ」

写真1-3　2018年3月の「ジュネーブモーターショー」に出展されたPop.Up Next（撮影：日経 xTECH）

動運転機能を備えた電気自動車（EV）コンセプト車「Pop.Up Next」を2018年3月開催の「ジュネーブモーターショー」で披露した（写真1-3）。Pop.Up Nextは、Pop.Upシリーズの最新機種である。Pop.Upはもともと、AirbusグループとItaldesignが開発に取り組んでおり、2017年3月のジュネーブモーターショーで初めて公開した。

　Pop.Upシリーズでは、カプセル型の2人乗りキャビン「パッセンジャーカプセル」を、飛行時と走行時でそれぞれ別のモジュールに着脱するシステムを採用する。地上を走行する場合は「グラウンド（地上）モジュール」に、空中を移動する場合はクアッドコプター型の「フライト（飛行）モジュール」に合体させる。地上走行時は完全自動運転のEVとして、飛行時は電動の垂直離着陸（VTOL）機として機能する。

2018年11月に開催されたドローン関係のイベント「Amsterdam Drone Week」では、Pop.Up Nextの1/4サイズのスケールモデルで、パッセンジャーカプセルを地上モジュールと飛行モジュールに着脱させるデモを披露。開発が順調に進んでいる様子をアピールした。

　Audiはフライングタクシーのような「空のオンデマンドサービス」の検証のために、Airbusグループが運営しているオンデマンドヘリコプターサービスVoomと協力関係にあるという。ユーザーがVoomを使って、メキシコシティやサンパウロでヘリコプター便を予約すると、Audiが着陸地点から、あるいは着陸地点までの移動手段を手配する試験運用を実施しているという。つまり、ヘリコプターをPop.Upのフライトモジュールで置き換えることを見据えた試験運用である。

　さらにAudiは、本社があるドイツ・バイエルン州のIngolstadtの「Urban Air Mobility」プロジェクトに参画。フライングタクシーの試験運用を行う準備を整えているという。

　ドイツDaimler（ダイムラー）も、空飛ぶクルマに関心を寄せる。eVTOL機を手掛けるドイツの新興企業Volocopter（ボロコプター）に出資。投資だけでなく、Daimlerは量産技術でも協力しているもようである。

トヨタにホンダ、デンソーも動く

　日本の自動車業界も、空飛ぶクルマや電動航空機の実現に向けて動き出している。例えば、宇宙航空研究開発機構（JAXA）などが2018年7月に発足させた「航空機電動化（ECLAIR：エクレア）コンソーシアム」には、一般会員としてホンダやデンソーが参画している。

第1章　勃興する新市場「空飛ぶクルマ」

写真1-4　日経 xTECHのインタビューに応じる中村翼氏。日経 xTECH 3月掲載の記事より（撮影：加藤康）

　日本の自動車メーカーの出身である中村翼氏（写真1-4）と元・トヨタ自動車の福澤知浩氏が共同代表を務める有志組織「CARTIVATOR（カーティベーター）」は、人が乗れるeVTOL機の開発に取り組んでいる。CARTIVATORは2012年に活動を開始した。現在、そのメンバー数は若手技術者を中心に100人を超える。トヨタグループやNEC、パナソニックなど、さまざまな企業から資金や技術、部品などの支援を受けて活動を続けている。

　トヨタグループも参戦の兆しを見せている。例えば、トヨタ傘下の米Toyota AI Venturesは、Intel CapitalやJetBlue Technology Venturesといったベンチャーキャピタルとともに、前出のJoby Aviationに対して1億米ドル（約110億円）を出資した。

　トヨタ自動車本体も、空飛ぶクルマの研究開発を行っているもよう。

同社は発表していないものの、「東富士研究所（静岡県）で空飛ぶクルマの研究を行っている」（複数の車載分野の技術者）。出願特許を調べると、空飛ぶクルマを研究していることが分かる（32ページの別掲記事「トヨタが「空飛ぶクルマ」の特許出願、航空機大手がトップ3」参照）。

1-1-5　空飛ぶクルマ、3つのハードル

　期待高まる空飛ぶクルマだが、実用化に向けて乗り越えるべきハードルは大きく3つある。「機体開発」「インフラ整備」「用途開拓」だ。

ハードル1「機体開発」　2次電池の向上に期待

　「機体開発」では、安全で高効率、騒音が小さいeVTOL機を実現しなければならない。その基盤になるのが、電動推進系だ。2次電池の電力だけで飛ぶ「フル電動（Pure Electric）型」は、1〜4人乗り小型eVTOL機向け（飛行時間が20分前後、移動距離にして数十km）であれば既に実用水準にある。都市内で自動車のライドシェアと同じビジネスモデルを描いている企業は、この航続距離と人数で採算が採れるとふんでいる。

　もちろん、より一層の飛行時間や移動距離の延長、乗客数の増加にはパワエレ技術の改善が望ましい。大きなハードルとされるのが、2次電池の重さ当たりのエネルギー密度の向上である。現行の「Liイオン2次電池」の延長では大幅なエネルギー密度の向上は難しいとされており、「全固体電池」や「Li空気電池」といった次世代2次電池の開発が進んでいる。次世代電池は主に電動車両向けだが、その恩恵が航空分野にももたらされることは間違いない。

　内燃機関と電気の力を併用して離陸・飛行・着陸を行う「ハイブリッド型」も選択肢に挙がる。現時点でも、ハイブリッド化で航続距離を

第1章　勃興する新市場「空飛ぶクルマ」

100km超に伸ばせるが、内燃機関がある分、フル電動型に比べてメンテナンスなどの負担が重くなる。高頻度に機体を飛ばす空のライドシェアでは、特に燃費やメンテナンス費といった運用コストの低減は重要で、そのためeVTOL機ではフル電動型が「本命」とされている。

　電動推進系（つまりモーター）の駆動音は内燃機関に比べて小さいが、実はローターから発する空力騒音を低減するのは難しい。そこで、都市部など人口密集地で運用するために、一層の静粛性が求められる。

　安全面では、低空飛行時の乱気流（ヘリコプターでいうダウンウオッシュ）に対するロバスト性の確保が強く求められる。さらに、故障落下時の乗員の安全確保や、他の飛行体との衝突防止も不可欠である。

ハードル2「インフラ整備」　新たな安全基準や騒音基準が必要

　こうした「ぶつからない空飛ぶクルマ」を実現するためには、「インフラ整備」が不可欠である。機体に搭載するAIだけでなく、運航管理システムなどのインフラ側とも協調させなくてはならない。

　従来の航空機は基本的に、定時で運航させる。これに対して、空飛ぶクルマを用いたライドシェアでは、ユーザーの要求が出てから運航する「オンデマンドサービス」である。このため、これまでの運航管理とは異なるリアルタイム処理が必要だ。

　しかも、都市部での運航を前提にすると、フライト数は桁違いに増える。Uberによれば、uberAIRが本格的に普及した場合、1つの都市だけで、FAA（米連邦航空局）が現在1日に管理しているフライト数の10倍以上に達するとみる。

ここまで空のライドシェアが本格化した場合は、数分に1機飛ばすような、高いスループットでの離着陸が可能な施設が必要になる。さらに、多くの人が納得して利用できる、すなわち社会受容性を高めるためにも、eVTOL機向けの新たな安全基準や騒音基準を設けることが必須である。

　2019年から製品化される予定の地上走行型の空飛ぶクルマは、飛行用に軽飛行機やスポーツ機といった従来の小型航空機の基準を満たすことで、実用化にこぎ着けている。地上走行用には、別途、自動車としての認証を得ている。ところが、eVTOL機にはこうした安全基準がまだ固まっていない。そこで、米国であればFAA（米連邦航空局）、欧州であればEASA（欧州航空安全機関）といった機関が急ピッチで新たなレギュレーション（耐空性基準）を策定中だ。FAAはeVTOL機ではないが、既存の小型機の基準「FAR Part23」を2017年に全面改定し、電動航空機への適用が可能になった。eVTOL機では、EASAが2019年にも、eVTOL機の耐空性基準に関する特別条件を設定する見込みだ[注]。

注　JAXA、「航空機電動化 将来ビジョン ver.1」、『航空機電動化コンソーシアム』

　離着陸場の設置に関しては、各自治体の規制をクリアする必要がある。こうした各種規制や基準は、eVTOL機メーカーやライドシェアサービスを提供する企業だけで決められない。さまざまな立場の企業や団体が議論する必要がある。そこで、例えばUber Elevateなどで、eVTOL機によるライドシェアサービス開始に向けた規制について議論を進めている。

ハードル3「用途開拓」　災害や救急、離島での需要も

　3つめのハードルは、空飛ぶクルマ市場が離陸する前に、いくつかの利用シーンや用途などを想定しなければならないことだ。そもそも空のライドシェアというキラーアプリがあるものの、普及するまでには時間

30　空飛ぶクルマ　電動航空機がもたらすMaaS革命

第1章　勃興する新市場「空飛ぶクルマ」

を要する。2025年ごろからサービスが始まり、本格化するのは2030年代である。

　先行するサービスに求められる要件は、「比較的少ない機体数でサービスを開始できる」「人口密集地を飛ばない」「社会受容性が高い」の3つだ。これらを満たすサービスの有力候補とみなされているのが、「災害・救急」と「離島・中山間地域」における人や物の運搬である。空飛ぶクルマであれば、災害時に道路などの既存インフラの復旧を待たずに人命救助や物資支援を実施できる。

　救急用としては、ドクターヘリの代替えを期待されている。ドクターヘリは、医師や看護師らを救命救急の現場に運ぶための専用ヘリコプターである。早期に診療を開始できるので、大きな治療効果を上げられるのが利点だ。ドクターヘリの第一人者で、人気ドラマ「コード・ブルー」シリーズで医療監修を務めたことで知られている医師の松本尚氏（日本医科大学 千葉北総病院 救命救急センター部長で、日本医科大学 救急医学教授）は、「自動車では1時間から1時間半ほどかかる場所でも、ドクターヘリなら119番通報から20分ほどで診療を開始できる。現場で医師が患者に接触した時点と、病院に運び込まれた時点で比較して、（外傷症例の）患者の状態が改善していることが多く、現場に医療を介入させることの効果が、統計でも裏付けられている」と語る（写真1-5）。

　ただし、現行のドクターヘリには課題がある。例えば、「飛行リスクを避けるために夜間の運航が制限される」「視界不良や強風といった天候条件によって運航が制限される」「コストが高い」「パイロットの養成が難しい」などだ。機体が高価なので、予算の制限から多数の機体を用意できず、同時に複数の出動要請を受けて対応しきれないこともあるという。

写真1-5　2018年11月の航空宇宙分野の展示会「国際航空宇宙展2018東京」の併設セミナー「空飛ぶクルマ・シンポジウム」で講演する松本尚氏（撮影：日経xTECH）

　こうした課題に対して現在は、天候に左右されにくく夜間も出動できるラピッドカー（医師や看護師を現場へ運ぶ緊急走行用の自動車）の導入などでカバーしている。ほかにも、119番通報の時点で「3mの高さから落下」「20分以上の激しい胸痛」といったキーワードがあればすぐにヘリを要請するシステムなど、できるだけ早くドクターヘリを派遣する工夫を施してきた。

　このように工夫をこらす一方で、空飛ぶクルマに期待を寄せる。大きな利点は「患者のすぐそばに降りられる」（松本氏）ことだと話す。「ヘリは学校のグラウンドや公園など、ある程度広い場所がなければ、安全管理上、着陸できない。だから、いったん着陸した後、患者がいる場所まで移動する必要があり、ある程度時間がかかる。もし、空飛ぶクルマで患者のすぐそばに着陸できるなら、通報から診療開始までの時間をヘリ以上に大きく短縮できる可能性がある。その分、生存率が高まるので、この点に注目し、最も期待している」と松本氏は語る。

　このほか、電動化で飛行時の騒音を抑えられれば夜間にも運航できる可能性があることにも期待を寄せている。人材確保の面でも「自律（自動）飛行が可能になれば操縦士や、その養成コストを減らせる。完全な

自律飛行とまでいかなくとも、ヘリに比べて資格基準を緩和できる可能性はある」(松本氏)とみている。

　機体コストが下がる点にも着目する。「1つの基地に複数台を導入することで、同時に複数の出動要請があっても対応しやすくなりそうだ」(松本氏)。

　このように、空飛ぶクルマの特徴を生かせる用途の開拓が市場拡大に弾みをつける。

コラム

トヨタが「空飛ぶクルマ」の特許出願、航空機大手がトップ３

酒井美里＝スマートワークス 代表取締役

　ハイテク分野の特許調査に強みのあるスマートワークス（本社長野）が、電動航空機関係の出願特許からその開発動向を探ったところ、2000年を境にして出願件数が急速に増えていることが確認できた。欧米の大手企業による出願が主だが、中国企業による中国での出願が盛んな様子もうかがえた。トヨタ自動車の特許もある。

　電動航空機に関する特許出願動向について調査したところ、中国企業による出願件数の増加が著しいこと、フランスAirbus（エアバス）や米Boeing（ボーイング）といった航空機の大手メーカーが、競うように出願件数を伸ばしていることが浮き彫りになった（図表1-A）。本稿では、その調査結果について解

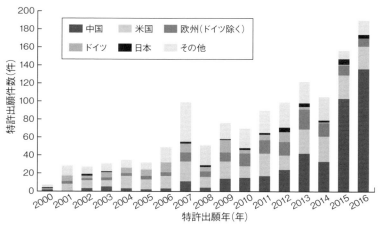

図表1-A　電動航空機に関する特許出願件数の調査結果。2000年以降、出願件数が増加傾向にあることが分かった。2010年ごろから、中国での出願件数が大幅に増加している。スマートワークス調べ（図：日経エレクトロニクス）

第1章　勃興する新市場「空飛ぶクルマ」

説する。

2000年代から出願件数が増加

　今回の調査では、電動ドローン（ヘリコプターを除く電動の回転翼航空機）や電動飛行機（固定翼航空機）のカテゴリーにおいて、「電気エネルギーのみ、もしくは電気と他のエネルギーとの併用で飛行する」「小型で離着陸に広い場所が不要、小回りがきく」「人を乗せて飛行可能」などの特徴を持つものを対象とし、日本と米国、欧州、中国の特許データベースで検索した。例えば、中国DJIの製品に代表される小型ドローンは調査対象から外した。

　調査の結果、2000年以降、約1300件の関連特許を確認できた。電動航空機に関連した特許出願は2000年以前にもごく少数が確認できるものの、特許出願件数が増加に転じたのは2000年以降である。それから右肩上がりで出願件数が増加しており、今後もこの傾向が続くだろう。2000年以降に特許出願が増加した理由として、モーターやインバーター、2次電池といった、電動化に関する基幹技術の進歩があるとみられる[注1]。

2010年ごろから中国の出願件数が急増

　特許出願先の国や地域別で見ると、もともと米国や欧州で出願件数が多かった。ところが、2010年ごろから、中国での出願件数が大幅に増加している。そこで、出願人の居住国や「優先権主張国」に着目したところ、中国出願の大半（約83%）が中国国内の出願人によるものだった。中国を除くと、フランスや米国の出願人が多い（図表1-B）。

<table>
<tr><th rowspan="2" colspan="2"></th><th colspan="9">主な居住国/優先権主張国</th></tr>
<tr><th>中国</th><th>米国</th><th>フランス(仏)</th><th>ドイツ(独)</th><th>英国</th><th>欧州(独と仏、英を除く)</th><th>ロシア</th><th>日本</th><th>その他</th></tr>
<tr><td rowspan="7">出願先</td><td>中国</td><td>371</td><td>24</td><td>32</td><td>1</td><td>6</td><td>11</td><td>0</td><td>0</td><td>1</td></tr>
<tr><td>米国</td><td>3</td><td>179</td><td>60</td><td>16</td><td>10</td><td>6</td><td>0</td><td>2</td><td>5</td></tr>
<tr><td>欧州(独と仏を除く)</td><td>0</td><td>68</td><td>37</td><td>13</td><td>4</td><td>23</td><td>0</td><td>1</td><td>2</td></tr>
<tr><td>ドイツ(独)</td><td>0</td><td>1</td><td>0</td><td>94</td><td>0</td><td>0</td><td>0</td><td>0</td><td>0</td></tr>
<tr><td>フランス(仏)</td><td>0</td><td>0</td><td>69</td><td>0</td><td>0</td><td>0</td><td>0</td><td>0</td><td>0</td></tr>
<tr><td>日本</td><td>0</td><td>13</td><td>7</td><td>0</td><td>5</td><td>1</td><td>0</td><td>10</td><td>0</td></tr>
<tr><td>その他</td><td>1</td><td>69</td><td>134</td><td>10</td><td>36</td><td>1</td><td>19</td><td>0</td><td>44</td></tr>
</table>

図表1-B　電動航空機関係の特許出願先と出願人の居住国と「優先権主張国」。スマートワークス調べ（図：日経エレクトロニクス）

ただし、中国の出願人が特許を出願しているのは、中国のみの場合がほとんどだった。しかも、2000年以降に、中国で4件以上の特許を出願した中国の出願人（企業・大学）は10団体と限られる。大半の出願人は1〜3件の出願にとどまっており、中国は、「少数の出願を行う中国の出願人が多数存在する」という状況にある。

これに対して、フランスや米国の出願人は自国以外での出願件数も多く、複数国に特許出願を行う傾向が強い。さらに、フランスAirbus（エアバス）グループや米Boeing（ボーイング）、米General Electric（GE、ゼネラルエレクトリック）、米Honeywell（ハネウェル）といった欧米の大手企業が、多数の特許を出願している。一方、日本では、日本の出願人がわずかに出願しているだけにとどまる。海外企業の出願はほぼ皆無である。

機体の軽量化に腐心

こうした状況を踏まえ、特許出願先（国や地域）を区別せず、全世界の特許出願を対象に出願傾向を分析した。最も多い出願テーマは53件の「機体の軽量化」で、電動化に不可欠な電池や電気関連を上回った。この結果から、電力源の種類や推進技術が異なるさまざまな電動航空機でも、機体の軽量化は共通した課題ということが分かる。

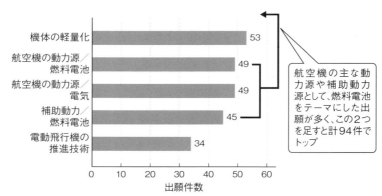

図表1-C　電動航空機関係のテーマ別特許件数。最も多いのは「機体の軽量化」だった。航空機の主な動力源や補助動力源として、燃料電池をテーマにした出願が多く、この2つを足すと、機体の軽量化の件数を上回る。スマートワークス調べ（図：日経エレクトロニクス）

航空機の主な動力源や補助動力源として、燃料電池をテーマにした出願が多いことも判明した。この2種類を足すと、合計で94件と、機体の軽量化の件数を上回る（図表1-C）。

航空機大手がつば競り合い

特許出願件数の上位10社と出願時期を調査したところ、AirbusグループやBoeingといった大手航空機メーカーの他、GEや英Rolls-Royce Holdings（ロールス・ロイス ホールディングス）といった航空機向け部品メーカーの大手が出願件数を伸ばしている（図表1-D）。欧米では研究開発活動が活性化している様子がうかがえる。このうち、まず上位3社の特許出願の特徴を紹介する。

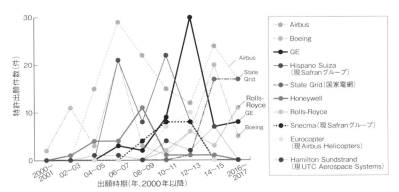

図表1-D　電動航空機関連の特許出願件数の上位10社と出願時期。AirbusやBoeingをはじめとする大手航空機メーカーの他、GEやRolls-Royceといった航空機向け部品メーカーの大手が出願件数を伸ばしている。スマートワークス調べ（図：日経エレクトロニクス）

出願件数首位は、Airbusグループである。グループ各社（Airbus Operations、Airbus Helicopters、Airbus Defence & Spaceなど）がそれぞれ特許を出願しているほか、共同出願も行っている。これらの特許から、Airbusグループ全体で、モーター搭載の航空機の研究に注力している様子がうかがえる。

第2位のBoeingは2000年代前半より燃料電池搭載技術を開発し、特許を出願してきた。ここ最近では、ジェットエンジンの高温部を利用して発電する「熱電発電機」の特許出願に軸足を移している。燃料電池を搭載した航空機や

熱電発電機を搭載した航空機はいずれも、ジェットエンジンで離着陸させることが前提になっている。燃料電池や熱電発電機は、あくまで補助電力システムとして開発されているもようだ。また、補助電力を選択的に利用するための機内電力システムの開発にも力を入れている。

第3位は、GEである。GEとグループの米GE Aviationがそれぞれ出願している。その内容から、両社は明確に役割を分担しているようだ。GEの出願は航空機自体の電気推進系に関する内容が多い。一方、GE Aviationの特許出願は、航空機内の電力分配システムに関するものが目立つ。

新興企業は制御技術に注力

こうした大手企業だけでなく、スタートアップと呼ばれるような新興企業も、電動航空機の特許を出願している。例えば、2018年1月開催の「CES 2018」で米Intel（インテル）が「空飛ぶクルマ」としてデモを行った「Volocopter」を手掛けるドイツE-volo（現Volocopter）の出願特許を見ると、2012〜2013年に出願が集中しており、直近の出願は確認できなかった[注2]。確認できた特許は、同社がすべて開発・出願しており、出願は7ファミリー存在する[注3]。

特許の内容から、Volocopterの開発では、人や貨物を運ぶ際に水平を保つ技術に重点を置いていたことがうかがえる。位置センサーの測定データを基に、パイロットの入力（操作）なしで複数のプロペラの速度を自動で制御する技術の特許を出願している。

ドイツのLilium Aviationも、近年試験飛行に成功したスタートアップである。同社が手掛けるLilium Jetの動力は100%電気である[注4]。飛行できた試験機を「エアタクシーのプロトタイプ」と位置付けている。Liliumが出願した特許は2ファミリーのみで、個人名出願を含めても他の特許出願を確認できなかった[注5]。出願した特許では、エンジンと翼の動きの関係の最適化を図ることで、離陸／着陸／旋回などの機体制御を行うことを主題にしている。

第1章　勃興する新市場「空飛ぶクルマ」

トヨタも「空飛ぶクルマ」の特許を出願

　ここまでは、欧米の企業を紹介してきたが、日本や中国の企業の出願動向も紹介したい。日本企業による電動航空機に関する特許出願件数は少ないものの、陸と空中を移動できる「空飛ぶクルマ」の特許をトヨタ自動車が出願している[注6]。今回、2018年3月時点で7件の出願を確認した。陸上では運転できる車両、空中では飛行体と切り替えられる技術に関する出願である（図表1-E）。

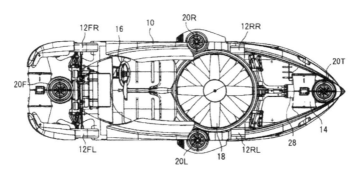

図表1-E　トヨタ自動車も「空飛ぶクルマ」の特許を出願している。例えば、「空陸両用乗物」がある。本体の重心側（中央部）に大型の「浮揚ファン」と、その前後左右に「姿勢制御ファン」を備える（出所：公開番号「特開2017-185866」）

　いずれも出願人は、米国のToyota Motor Engineering & Manufacturing North America（TEMA）である。7件中4件は米国出願のみで、対応する特許の日本での出願を確認できなかった。この点から、米国の研究拠点において、空飛ぶクルマを精力的に研究していると推察できる。

中国は少数出願の企業が多数

　中国企業による出願は前述したように、「少数の出願を行った中国の出願人が多数存在する」という状況である。中国企業の特許出願では、「電気飛行機の効率的な推進技術」に関する内容が多かった。先ほど紹介した世界的な出願傾向では、機体の軽量化技術がトップであり、出願傾向に若干の違いがみられる。

　中国企業の出願件数で首位にあるのは、State Grid（国家電網）で、大型の電

動飛行体として23件の出願を確認できた。その内容は送電線網の監視を目的にした機体が多く、形状も回転翼を備えた航空機が主だった。中には、電池容量の不足を補うために、送電線網からマイクロ波によるワイヤレス給電で、飛行体の２次電池を充電する方法を出願しているものがあった。

　中国企業の場合、「多数の出願人がそれぞれの得意分野で出願する」という傾向が見てとれた。例えば、電動の水上離着陸機や電動航空機の配電制御技術、LNG（液化天然ガス）と電気のハイブリッド飛行機、Liイオン２次電池を採用した飛行体などである。

注1　JAXA、「航空機用電動推進システム技術の飛行実証（FEATHER事業）」、http://www.aero.
　　　jaxa.jp/publication/event/pdf/event140918/poster07.pdf
注2　三宅、「人が乗れる電動ドローン、ステージで飛ばした」、『日経xTECH』
注3　ファミリーとは、ある国へ１つの発明が出願された後に、その出願を基に優先権を主張して
　　　他の国へ出願された出願特許のグループを指す
注4　櫛谷、「Lilium社、垂直離着陸できる電動飛行機の試験飛行を完了」、『日経xTECH』
注5　Lilium、「Aerofoil for an aircraft, and an aircraft」、米国出願「US20160311522A1」（公開）、
　　　https://patents.google.com/patent/US20160311522A1/en
注6　Toyota Motor、「Dual channel wing for an aerocar」、米国特許「US9156550B2」（登録）、
　　　https://patents.google.com/patent/US9156550B2/en（対応する日本特許は「JP6039714B2」
　　　（登録）、https://patents.google.com/patent/JP6039714B2/ja）

（本コラムは、日経エレクトロニクス　2018年5月号から転載）

第1章 勃興する新市場「空飛ぶクルマ」

1-2
百家争鳴、新興企業が大手に挑む

1-2-1 米Terrafugia（中国Zhejiang Geely Holding Groupが買収）

　中国のGeely Automobile（吉利汽車）の親会社で、スウェーデンVolvo（ボルボ）や英国の高級車Lotus（ロータス）を傘下にし、さらにドイツDaimler（ダイムラー）の筆頭株主でもあるZhejiang Geely Holding Group（浙江吉利控股集団、以下Geely）[注]。そんな爆買い企業が次に目をつけたのが、道路と空中を移動可能な「空飛ぶクルマ」を手掛ける米国の新興企業Terrafugiaである。2017年11月に同社を買収した。その後、Transitionの量産に向けて、スウェーデンの自動車製造企業China Euro Vehicle Technology（CEVT）の協力を得ることを発表した。同社はGeelyが2013年に設立した企業だ。

注　マレーシアの自動車メーカー PROTON Holdings（プロトン・ホールディングス）への出資で、同社の英 Lotus（ロータス）の株式を取得した

　Terrafugiaは2006年設立で、空飛ぶクルマを手掛ける新興企業の中では、「古株」として知られる。2018年7月の世界最大級の航空機のイベント「EAA AirVenture Oshkosh」で報道機関向け発表会に登壇した同社CEOのChris Jaran氏は、「空飛ぶクルマを開発していた企業は、我々が創業する前から存在した。だが、そうした企業は自動車を出発点に、自動車を飛ばすことを考えて研究開発してきた。だが我々は、航空機を出発点に、空飛ぶクルマを開発してきた。このアプローチの差が、空飛ぶクルマの実現に大きく寄与した」と競合との違いを強調した（写真1-6）。

41

写真1-6 2018年7月の「EAA AirVenture Oshkosh」で報道機関向け発表会に登壇したTerrafugia CEOのChris Jaran氏（撮影：日経 xTECH）

　実際、同社は競合に先駆けて、2019年に最初の製品を、「40万〜50万米ドル」（TerrafugiaのJaran氏）で発売する予定だ。製品化で先行するだけでなく、中国の大手自動車メーカーの後ろ盾を得たことで、Terrafugiaは空飛ぶクルマを手掛ける企業の中で、頭一つ抜けた存在になった。Geelyグループの自動車メーカーの協力を仰ぎながら、製品化を急ピッチで進める。

自動車から航空機に40秒で変形

　Terrafugiaが2019年に発売する「Transition」は、折り畳み型の固定翼を備えた機体だ。地上走行時は固定翼を折り畳んでおき、空港まで移動し、固定翼を広げて飛行する。目的地そばの空港に到着した後、再び固定翼を折り畳んで、地上を走行して目的地に向かう。航空機をベースにしただけあって、飛行モードの外観は、まさに「飛行機」のように見える。実際、航空機としてはLight Sport Aircraft（軽スポーツ航空機）として認証を受けている。飛行モードと走行モードの変形にかかる時間は、およそ40秒だという（写真1-7）。

　走行時は一般的な自動車として認証を受けており、ハイブリッド車として動く。搭載した航空機用エンジン「Rotax 912iS」で発電機を回し、

第1章　勃興する新市場「空飛ぶクルマ」

写真1-7　「EAA AirVenture Oshkosh」に出展した「Transition」。固定翼を折り畳んだ状態（左）、本体後ろのプロペラ（右）（撮影：日経 xTECH）

それで得られた電力でLiイオン2次電池を充電。同電池から電力を得て、モーター2つを駆動して、前輪2つを回す。

　飛行時は主にエンジンで本体後ろにあるプロペラを回す。高い推進力を得たいときや、短時間で離陸したいときだけ、前輪駆動用とは別のモーターでプロペラ回転をアシストする。すなわち、駆動に関わるモーターを3つ備えている。

　運転席にはハンドルとは別に、タブレットのようなディスプレーがある。そのディスプレーのユーザーインターフェース（UI）は、地上走行時と飛行時で変化する。フライト情報システムとして、米Dynon Avionicsの製品を搭載した。

　Transitionは、走行モード用に自動車として、飛行モード用に軽スポーツ航空機としてそれぞれ別途、認証を受けている。そのため、自動車の運転免許に加えて、軽スポーツ航空機用の免許が必要である。ただし、軽スポーツ航空機用の免許は、約20時間の訓練で取得できる。

　巡航時の最高速度は時速160kmほどで、積載可能な重さは約225kg、

43

航続距離は約640kmである。高度は9000フィート（約2743m）超。巡航時の燃費は1時間当たりおよそ19リットル。燃料として、オクタン価91の自動車用ガソリンを利用し、最大76リットル入れられる。

入念な安全対策

　Transitionは、Terrafugiaにとって最初の空飛ぶクルマとあって、幾重にも安全対策を講じる予定である。2018年1月に開催された航空宇宙分野の国際会議「AIAA SciTech Forum」で、Terrafugiaの共同創立者でCTOのCarl Dietrich氏が登壇し、その安全機能を紹介した。

　例えば、パイロットが意識を失い、機体が地面に衝突しそうになっても、「Automatic Ground Collision Avoidance System（自動地面衝突回避システム）」によって自動で上昇し、衝突を避ける。同機能では、航空機の迎え角が高すぎると判断すると、サーボモーターが自動で操縦かんを前方に押し倒し、迎え角を小さくすることで衝突を避けるという。

　自動地面衝突回避システムは、これまで一部の軍用機や民間旅客機に搭載されていたものの、「小型機としては初」（Carl氏）だという。AIAA SciTech Forumの講演では、同システムを搭載した軍用機が、同システムによって衝突を回避する場面の動画を見せ、その安全性を強調した。2019年に最初に発売する製品には、自動地面衝突回避システムの機能は搭載しないものの、発売後、ソフトウエアアップデートで対応する予定だ。

　さらに、仮にエンジンが故障しても、モーターだけでプロペラを回し、滑空しながら着陸できるようにした。GPS（Global Positioning System）を使い現在の位置や高度などを他の航空機や管制官に送信し続ける「ADS-B」に対応することで、安全性が一層高まるとしている。加えて、緊

第1章　勃興する新市場「空飛ぶクルマ」

急時には大型パラシュートが開き、急落下を防ぐ仕組みも導入している。米BRS Aerospaceのパラシュートシステムを採用予定である。こうした一連の安全対策によって、「死亡率を大幅に減らせる」(Carl氏)とみる。

　なお、地上走行時の安全対策として、3台のリアビューカメラを備える。一般の自動車と同じように、シートベルトやエアバックを備える。

eVTOL機も手掛ける

　Terrafugiaは、次世代機「TF-2」の開発にも着手している。Geelyによる買収から100日が経過したことを機に、2018年2月に発表した(図表1-2)。特徴は、4人乗りのカプセル型のキャビンを、飛行時と走行時で異なる機体に接続することである。飛行時はeVTOL機でキャビンを抱きかかえるように接続し、地上を走行する場合は、自動車の荷台部分にキャビンを配置する。eVTOL機の離着陸場で、キャビンの着脱や受け渡しを

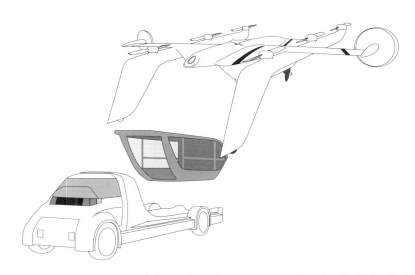

図表1-2　TF-2のイメージ図。実際は、ポッドをトラックとやり取りする際、機体は後ろ側を向く。2018年7月の「EAA AirVenture Oshkosh」発表会の説明資料などを参考に筆者作成

45

自動で行うようにする。

　飛行時は、8つのモーターでローターを回す。このうち離着陸用に6つ、推進用に2つのローターを用いる。タービンで発電機を回転させて生じた電力でモーターを駆動する。すなわち、ハイブリッド型である。キャビンの積載重量は約635kgで、このうち乗客の積載重量は約544kgである。最大速度は時速230kmほどで、航続距離は最大で約300kmとする。いずれ2次電池のエネルギー密度が高まれば、2次電池の電力で飛ぶフル電動型に移行する考えである。地上走行時も同様で、当初ハイブリッド車として、いずれEVとして動かす予定である。

1-2-2　オランダPAL-V International ジャイロコプターとして飛行

　オランダPAL-V International（パルヴィ インターナショナル）は2人乗りの空飛ぶクルマ「PAL-V Liberty」を2020年に出荷する予定である。その実機を、自動車関連の展示会「ジュネーブモーターショー」で2018年3月と2019年3月に続けて披露した（写真1-8）。

　PAL-V Libertyは、「ジャイロプレーン（ジャイロコプター）」として飛行する。ジャイロプレーンはヘリコプターのような回転翼（ローター）を備えるものの、その仕組みは異なる。

　ヘリコプターではエンジンで直接、ローターを回転させる。一方、ジャイロプレーンの場合、別途備えたプロペラをエンジンで駆動して前進し、その前進によって生じる気流をローターで受けて回転させる。ローター側にエンジンがない分、「ローター部の構造はシンプルで、メンテナンスも容易」（PAL-V 共同創立者でCEOのRobert Dingemanse氏）という利

第1章　勃興する新市場「空飛ぶクルマ」

写真1-8　2018年3月の「ジュネーブモーターショー」に出展された「PAL-V Liberty（パルヴィ リバティ）」。展示品は2モデルのうち「リミテッドエディション」である。左の人物はPAL-V 共同創立者でCEOのRobert Dingemanse氏（撮影：日経 xTECH）

点がある。冗長性を確保するため、エンジンを2基備える。1基が故障しても飛行できるようにしている。2基とも動作しなくなっても、降下する際に生じる気流をローターで受けながら、「ゆっくりと着陸できるので安全」（Dingemanse氏）とアピールする。

　PAL-V Libertyの場合、本体の後方にプロペラを配置し、地上走行時に、ローターとプロペラは折り畳んだ状態にしておく。飛行する際、それらを展開する（写真1-9上）。

　PAL-V Libertyには、「リミテッドエディション」と「スポーツエディション」の2モデルを用意。価格はそれぞれ、75万ユーロと60万ユーロで

47

写真1-9　上は車体の後ろ側。プロペラが格納してある。下は運転席の様子。中央に見えるのがアビテーションディスプレー（撮影：日経 xTECH）

ある。2モデルの違いは、本体色や装備品などだ。例えば、リミテッドエディションには、各種情報を表示するアビテーションディスプレーを運転席に備える（写真1-9下）。

1-2-3 スロバキアAeroMobil モーターアシストで垂直離陸

スロバキアのAeroMobilは、2020年ごろに製品を発売するとみられる。製品版の最終プロトタイプ「AeroMobil 4.0 STOL」を2017年に発表し、購入予約を開始した。

次世代機の開発も始めており、そのコンセプト機「AeroMobil 5.0 VTOL」を2018年3月に発表した。その名称に「VTOL」とあるように、垂直離着陸できる点を特徴にする。AeroMobil 4.0/5.0はいずれもエンジンで飛行する。AeroMobil 5.0は離陸時に、モーターによってアシストすることで垂直離陸を可能にするという。

1-2-4 米Samson Sky 自分で組み立てる 空飛ぶスポーツカー

米Samson Skyは、「Flying Sports Car（空飛ぶスポーツカー）」と呼ぶ、地上走行時の時速が最大200kmほどと高速なことをウリにした機体を開発している。2018年7月のEAA AirVenture Oshkoshにその試作機を披露した。出展した試作機は「プレプロダクションモデル」という位置付けである。早ければ2019年にも販売を始めるという。価格は、有視界飛行方式（VFR）モデルが12万米ドル（約1320万円）、計器飛行方式（IFR）モデルが13万6000米ドル（約1496万円）である（写真1-10）。

ただし、これらは「キット」の価格で、購入者自身が組み立てる必要がある。組み立てをSamson Skyに頼む場合は、別途2万ドル（約220万円）が必要になる。同社が組み立てた場合、期間は「3週間ほど」（説明員）だという。米国では、「飛行機好きが趣味で小型航空機を自作したり、キットを自分で組み立てたりするのは珍しいことではない」（小型航空機に詳しい米国在住のある日本人）ことから、米国らしい販売形態といえる。

　組み立て費用を加えても、価格は14万米ドル（約1540万円）からと、他の空飛ぶクルマに比べて安価だ。他社の空飛ぶクルマは完成品で50万米ドル（約5500万円）前後と、高級スポーツカー並みの価格である。

　Switchbladeは2人乗りで、地上走行時と飛行時で変形する。左右の翼

写真1-10　2018年7月のEAA AirVenture Oshkoshに出展された「Switchblade」（撮影：日経 xTECH）

50　空飛ぶクルマ　電動航空機がもたらすMaaS革命

第 1 章　勃興する新市場「空飛ぶクルマ」

と尾翼は格納式で、地上走行時は本体に格納し、飛行時には引き出す（報道機関向けに変形のデモを実施する予定だったが、直前になり、不具合が生じて中止になった）。本体の後ろ側には、大型のプロペラがある。最大出力190馬力の4気筒ガソリンエンジンを搭載しており、地上走行時は車輪を、飛行時はプロペラを回す（写真1-11）。

写真1-11　本体側面の下側にあるスペースに翼を格納し（上）、本体の後ろ側に大型のプロペラがある（下）（撮影：日経 xTECH）

飛行時の最大時速は約322kmで、巡航時の速度は約257kmである。飛行時の燃費は１時間当たりおよそ34リットル。燃料として、オクタン価91の自動車用ガソリンを利用し、最大で約114リットル入れられる。積載可能な重さ（人と荷物、燃料）は約247kg。離陸距離は約335m、着陸距離は約488mである。

　地上走行時は、前輪１つ、後輪２つの計３輪で走る。このため、スポーツカーとうたっているものの、米運輸省のカテゴリーでは「Motorcycle（オートバイ）」になるという。燃費は約17km/Lである。

1-2-5　米OPENER（Google創業者が支援する新興企業）

　eVTOL機に関しては、これまで情報をほとんど表に出さなかった米国シリコンバレーの新興企業２社がそれぞれ2018年夏に開発中の機体を披露した。米OPENERと米Kitty Hawkである。いずれも、Googleの創業者の１人であるLarry Page氏が支援していることで、空飛ぶクルマ業界だけでなく、スタートアップ業界からも注目を集める企業である。

　先にOPENERを紹介しよう。OPENERが開発中のeVTOL機「BlackFly」を初めて一般展示したのは、2018年７月のEAA AirVenture Oshkoshである。この展示の直前に、BlackFlyに人が乗って飛行する様子を撮影した動画やその仕様などを公開したことから、実機の姿を一目見ようと、OPENERの展示ブースに絶え間なく人が訪れていた（写真1-12）。

　OPENERはもともと、創業者でCEOのMarcus Leng氏が、2009年８月にBlackFlyのコンセプトを着想したことをきっかけに生まれた。まず、

第1章 勃興する新市場「空飛ぶクルマ」

写真1-12 2018年7月のEAA AirVenture Oshkoshに出展された「BlackFly」のv3の機体とOPENERの創業者でCEOのMarcus Leng氏(上)。ブースがある建物の屋外に展示されていたv2の機体(下)(撮影:日経 xTECH)

カナダのオンタリオ州ワークワースで創業して研究開発を進め、2011年10月に最初の実証機でのフライトに成功したという。

　次に、BlackFlyの「バージョン1（v1）」モデルを試作し、2014年8月にフライトした。その成果を受けて、2014年9月に組織をOPENERとして再編成し、研究開発の活動の大部分をシリコンバレー（パロアルト）に移したとする。

　続いて、v2モデルを試作し、2016年2月に飛行させた。その後も飛行試験を続けて、2017年9月には、200ポンド（約91kg）の積載量で、飛行距離は累計1万マイル（約1.6万km）に達したという。

　その後、同年10月に「プレプロダクションモデル」と位置付ける「v3」を開発。現在、このv3が最新機に相当する。そして、v3を基にした製品を2019年から発売する予定だ。予定通りになれば、コンセプト開発からおよそ10年で実用化にこぎ着けることになる。

　ブースには、最初の実証機とみられる機体と、v3の機体を出展していた。加えて、ブースがある建物の屋外に、v2の機体を展示していた。

フル電動で、EVより省エネ

　BlackFlyは、1人乗りの機体である。前方の固定翼と後方の固定翼にそれぞれ4つ、計8つの回転翼（ローター）を備える。2次電池の電力でインバーターを駆動してモーターを回し、ローターを回転させる「フル電動」の機体である。各ローターに1つのモーターを利用する。ローターが8つあるので、「仮に1つが故障して止まっても、飛行を続けられる」（説明員）など、冗長性があるとする。

第1章　勃興する新市場「空飛ぶクルマ」

　1マイル移動時のBlackFlyの消費電力量は245Whと、同270Whの電気自動車に比べて少ないとする。発生する騒音も、電気自動車より静かだという。150フィート離れた場所で、電気自動車の騒音は76dBAなのに対して、BlackFlyは72dBAで済むとしている。

　OPENERが公開したBlackFlyの飛行動画を見ると、離着陸時の姿はユニークである。離陸時は、前方の固定翼が上向きに、後方の固定翼が下向きになるように浮上する。そのため、あたかも機体が垂直に立ったように見える。このとき、ローターは地面に対して水平（回転軸は垂直）になり、浮上する。着陸時は、搭乗者がいる本体の後ろ側から、あたかも尻餅をつくように地面に降りる。それから本体の前側が地面につき、着陸となる。

　米国では「Ultralight」（超軽量動力機）というカテゴリーで販売する。大きさは、幅13フィート7インチ（約4.14m）、長さ13フィート5インチ（約4.09m）、高さ5フィート（約1.5m）である。機体の重さは人を乗せていない状態で313ポンド（約142kg）。最大積載量は250ポンド（約113kg）である。

　2次電池の容量は8kWhで、1回の充電で25マイル（約40km）飛行できるとする。急速充電に対応しており、240V、50Aの充電で、20％から満充電にかかる時間は67分だという。離着陸可能な最大風速は、時速25マイル（約40km）。巡航速度は、時速62マイル（99.8km）である。これらの仕様は、米国販売モデルのもの。米国外の場合、レギュレーションの違いなどから、2次電池の容量を12kWhに増やし、航続距離も40マイル（約64km）以上になるなど、仕様が変わる予定だ。

　なお、これまでステルスモードで開発してきたためか、モーターやモー

ターを駆動するインバーター、2次電池など、電動技術に関する情報に対しては、一般の説明員だけでなく、プレス（報道機関）向け説明者も口が固かった。

1-2-6 米Kitty Hawk（Google創業者が支援する新興企業）

Googleの創業者Larry Page氏が支援する、もう1つの新興企業Kitty Hawkは、eVTOL機「Cora」と「Flyer」の2機種を開発中である。

自律飛行が可能なCora

Coraは2人乗りのフル電動型の機体で、自律飛行を可能にする。同社は、Coraのオペレーター（運営）企業Zephyr Airworksを2016年12月にニュージーランドで設立した。ニュージーランド政府の協力を得つつ、実用化を目指している。自律型のエアタクシーに関して、ニュージーランドの航空会社Air New Zealandとも提携している。高度500フィートから3000フィートを巡行し、12個のリフトファン（ローター）を備えて時速180km、航続距離は100kmほどである。

Coraの実用化に向けて、ニュージーランドの民間航空局（CAA）と米国連邦航空局（FAA）からそれぞれ、「Experimental Airworthiness」（実験的な耐空証明）を取得済みである。さらに、エアタクシーの商用化に認証規定の策定に向けてCAAに協力している。

1人乗りのフル電動機Flyer

一方のFlyerは、1人乗りのフル電動機である。中央に流線型の操縦席部分があり、その左右にそれぞれ5枚、計10枚の小型のローターを備える。操縦席部分の左右に、フロート（浮舟）が付いており、水上で離着陸

できる。このフロートに、2次電池やインバーターを備える（写真1-13）。

　モーターやインバーター、2次電池といった電動化技術はFlyer向けに開発したとはいえ、「小型の電気自動車に利用されているものに近い。あくまで現在の機体は、今入手できる技術を活用して実現することに重きを置いている」（Kitty Hawk Director of EngineeringのTodd Reichert氏）という。約2年後（2020年ごろ）に向けた次世代機の開発にも既に着手しており、新技術を投入して改善を図るという。

　フル電動のため、静音性に優れる点を特徴にうたう。50フィート（約15m）の距離で芝刈り機並み、250フィート（約76m）の距離で大きな声での会話並みの騒音だという。実際、飛行デモでは、騒音がするものの、ヘリコプターのようにうるさくなく、筆者はほとんど気にならなかった。

写真1-13　米国ラスベガスにあるKitty Hawkの訓練施設でテスト飛行するFlyer（撮影：日経 xTECH）

Flyerの最高時速は20マイル（約32km）ほど。状況によるが、約12〜20分の間、飛行できるという。飛行時の高度は、水面から約3〜10フィート（約0.9〜3m）とする。

操縦席後部に搭載したコンピューターで、飛行時の姿勢制御や速度制御を自動で行う。操縦者は、方向や高度などを調整する。操縦席には、左右にコントローラーが存在する程度で、HMI（Human Machine Interface）は非常にシンプルである。

右のコントローラーは、ジョイスティック型で、手で覆いながら握って、行きたい方向に倒す。左のコントローラーは、スライダーのような形状で、高度の調整や離着陸の際に利用するという。

訓練施設を報道機関に初公開

2018年7月には、Flyerの飛行デモと、同機の購入者（操縦者）に対する訓練施設を報道機関向けに披露した。訓練施設は、米国ネバダ州ラスベガス市のマッカラン国際空港から東にクルマで30分ほど移動した、ラスベガス湖のそばにある。大きな国際空港から近く、湖のそばにリゾートホテルがいくつか存在することから、この場所を選んだという。

夏のラスベガスは過酷だ。午前9時前にもかかわらず、気温は35℃近くで、日差しが強烈に照りつける。この炎天下の中、操縦訓練のインストラクターが乗ったFlyerが湖の上を数分間、問題なく飛行した（写真1-14）。

Kitty Hawkによれば、この訓練施設で60〜90分ほどの訓練を受ければ、誰でも操縦できるようになるという。「Ultralight」（超軽量動力機）というカテゴリーで、米国連邦航空局（FAA）のレギュレーションは「CFR

第1章　勃興する新市場「空飛ぶクルマ」

写真1-14　訓練施設の建物には、格納庫やフライトシミュレーターなどがある（左上）。右上は格納庫内のFlyer。下は操縦訓練のインストラクターが乗ったFlyerが湖の上を飛行している様子（撮影：日経 xTECH）

Part 103」になる。非密集地域（uncongested areas）の上空だけ、飛行できるとする。このカテゴリーでは、FAAは飛行訓練を推奨しているものの、航空機登録やパイロット認定を求めていないという。

　実際、インストラクターによる飛行デモの後、訓練したばかりの人物による初めての飛行が行われる予定で、「誰でもすぐに乗れる」ということを示すはずだった。だが、予想以上に風が強まり、安全を考慮して中止になった。飛行予定だったのは、ロサンゼルス在住のCarter Reum氏である。「空飛ぶクルマ」こと、小型の電動航空機に大きな可能性を感じて、Kitty Hawkへの投資や機体の購入を決めたという。

　訓練施設の敷地には、各種訓練用設備とコントロールセンター、機体の格納庫（ハンガー）などがある。訓練では、まずフライトシミュレー

59

ターで操作方法を覚える。次に、地上に置かれた実機に乗り、そのまま起動してローターを動作させ、実際の振動や音などを体感してもらう。続いて、着水時の感覚を体験する。大型ケースの中に多数のゴムボールを敷き詰めて、その上に操縦席部分だけを載せ、そこに人が乗って着水時の感覚を覚えてもらう（写真1-15）。

　コントロールセンターは、Flyerと無線で通信可能で、操縦者と音声でやり取りできる。コントロールセンターでは、Flyerの状態、例えば2次電池の残量や機体の角度、温度などをモニタリングしている。その結果に基づき、操縦者に対してコントロールセンターからさまざまなアドバイスを行う。コントロールセンターはあくまで訓練用に設けているだけ

写真1-15　左上はFlyerのフライトシミュレーター。地上に置かれた実機で、実際の振動や音などを体感してもらう（右上）。着水時の感覚を体験するため、敷き詰められたゴムボールの上に操縦席部分がある（左下）。右下はコントロールセンターの外観（撮影：日経 xTECH）

で、将来市場に投入した際は、別の方法でFlyerの状態を監視する予定で、詳細は決まっていないとする。

なお、Flyerの購入者向け訓練施設とはいえ、現状では、実機を購入者に引き渡せる段階にはないという。つまり、購入者は、現時点では主に訓練施設で飛行することになる。一般発売の具体的な時期や価格についても、まだ明らかにしていない。

1-2-7 中国EHang
目的地の指定だけで自動飛行

欧米だけでなく、「ドローン大国」の中国でも、電動航空機の開発が盛んだ。中でも、実用化に向けて急ピッチで開発を進める中国の新興企業が中国のEHangである。同社のeVTOL機の特徴は手軽に乗れること。小型ドローンで培った自動操縦技術を適用し、座席にあるタブレット端末で出発地と到着地を指定するだけで、搭乗者が操作せずに移動できるようにする。操作は原則自動操縦で、地上施設で集中管理することを想定する。広東省Shaoguan（韶関）市と協力し、同市に空飛ぶクルマ向けの集中監視指揮統制センターを建設する予定だ。通信には、中国Huawei（ファーウェイ）の協力を得る。

EHangの1人乗りのeVTOL機「EHANG184」では、搭載できる2次電池の容量は限られる。そのため、20kmほどの距離を移動する用途、例えば、都市内交通や離島への移動などを想定する。

そんな同社は、2018年3月に開催された音楽や映画、テクノロジーの総合イベント「SXSW 2018」で講演し、EHANG184が飛行する様子を動画で紹介した[注]。講演では、EHANG184が平原や畑などを飛ぶ様子

61

のほか、建物の多い都市部を飛ぶ様子、中に人が乗って飛んでいる様子などを、EHangのco-founderでCMOのDerrick Xiong氏が紹介した。特に、Xiong氏本人や同社CEO、さらには広州市市長など、さまざまな人物が実際に搭乗して飛行したことを紹介し、「誰でも乗ることができる」（Xiong氏）とアピールした。この他、高度300mまでの上昇飛行、霧の中、台風の中といった悪天候での飛行などさまざまな条件で試験を行っているという。

注　宇野、「中国『空飛ぶクルマ』に人が乗る、EV・自動運転ひとっ飛び」、『日経 xTECH』

「EHANG 216」と呼ぶ機体も開発（写真1-16）。カタールの通信事業者Ooredooがこの機体を2019年2月に開催されたモバイル業界で世界最大のイベント「MWC19 Barcelona」に出展した。EHangはOoredooと、5Gで地上から遠隔操縦する「空飛ぶタクシー」のサービスを計画している。

写真1-16　Ooredooが「MWC19 Barcelona」に出展した「EHANG 216」（撮影：日経 xTECH）

第 1 章　勃興する新市場「空飛ぶクルマ」

1-3
空のライドシェアに賭けるUber、2023年開始に向け急ピッチ

1-3-1　規制当局やメーカーを巻き込み「uberAIR」を積極推進

　空飛ぶクルマという大きなうねりを作り出すきっかけとなった存在は、配車サービス大手の米Uber Technologies（ウーバーテクノロジーズ）だといえる。これまでのように既存ビジネスを破壊しながら単独で突き進むのではなく、航空機メーカーや米航空宇宙局（NASA）、航空業界の規制当局、自治体なども始めから巻き込みながら、空のライドシェア「uberAIR」の2023年開始を目標に、積極的に活動を続ける。既に持つ自動車のライドシェア「uber」や電動自転車のライドシェア「JUMP Bikes」と合わせて、巨大なMaaS（Mobility as a Service）プラットフォームを作り上げようとしている。

　例えば、NASAとは、空のライドシェアに必要な新しい無人交通管理（UTM）と無人航空システム（UAS）の開発に関して、「航空宇宙契約（SAA）」を締結したことを2017年に発表した。NASAとともに都市空域運用の要件などを策定中である。

　Uberが表だって動き出したのは「Uber Elevate」というプロジェクトを立ち上げた2016年ごろから。ライドシェアに用いる電動の垂直離着陸（eVTOL）機の仕様策定や開発促進に加えて、その離着陸場や充電器と

63

いったインフラ、機体の安全・騒音基準の策定、運航管理システム、住民の受け入れ（社会受容性）などについて、さまざまな立場のステークホルダー（利害関係者）とともに、本格的に議論・検討するためのものである。その公式の招待制イベント「Elevate Summit」を2017年4月に米国ダラスで、2018年5月に米国ロサンゼルスと2年連続で開催し、進捗状況を明らかにしてきた。ダラスは2020年に開始予定の実証試験の最初の都市で、ロサンゼルスは2番目に当たる。

　Elevate Summitには、行政や航空・宇宙、電動機メーカーといった分野から、空のライドシェアを実現するうえで不可欠なキーパーソン

米運輸長官（Secretary of Transportation）のElaine Chao氏（ビデオメッセージ）

ロサンゼルス市長のEric Garcetti氏（ビデオメッセージ）

FAA, Acting AdministratorのDaniel Elwell氏

NASA, Associate Administrator for the Aeronautics Research Mission DirectorateのJaiwon Shin氏

Embraer CEOのPaulo Cesar de Souza e Silva氏

Aurora Flight Sciences（Boeing傘下）, President and CEOのJohn Langford氏

Karem Aircraft, Founder でChairmanの**Abraham Karem**氏

写真1-17　2018年5月に米国で開催された「2018 Elevate Summit」には、行政や航空・宇宙、電動機メーカーといった分野から、空のライドシェアを実現するうえで不可欠なキーパーソンが登壇した。米国の運輸長官やロサンゼルス市長はビデオメッセージを寄せた。大手航空機メーカーでは、EmbraerのCEOが自ら登壇し、電動航空機のコンセプト機をアピールした。Boeingからも、それぞれ電動航空機の研究開発に携わる主要人物が登壇した。さらに、無人航空機（ドローン）の著名な技術者Abraham Karem氏が登壇し、同氏が設立したKarem Aircraftのコンセプト機を紹介した（撮影：日経 xTECH）

第1章　勃興する新市場「空飛ぶクルマ」

が登壇している。例えば、2018年にロサンゼルスで開催したElevate Summitでは、ダラス市長が登壇し、米国の運輸長官（Secretary of Transportation）とロサンゼルス市長はビデオメッセージを寄せて、「Urban Air Mobility（UAM、都市航空交通）」への期待を述べた。FAA（米連邦航空局）やNASAのキーパーソンも招き、Uber関係者との公開討論を実施した（写真1-17）。

Uberからは、CEOを筆頭に、Elevateプロジェクトの主要メンバーを軒並み登壇させ、uberAIRの実現に注力していることをアピールした。こうした主要メンバーの多くが、他社から移籍してまもない「スター技術者」で、uberAIR実現に向けた人材の確保に力を入れている様子がうかがえる（写真1-18）。

クルマのライドシェアと同じ仕組み

uberAIRのサービスは、現在の自動車のライドシェアと同様の仕組みを目指している。すなわち、ユーザーがスマートフォンの専用アプリ

Uber Head of AviationのEric Allison氏（元Kitty Hawk、Zee. Aero責任者）

Uber Vehicle Systems, Director of EngineeringのMark Moore氏（元NASAの技術者でVTOL機の専門家）

Uber Battery Systems, Director of Engineering のCelina Mikolajczak氏（元Tesla）

Uber Airspace Systems, Director of Engineering のThomas Prevot氏（元NASAの技術者）

写真1-18　Uberは空のライドシェア実現のため、これまで知見がなかった航空・宇宙や電動化の技術者を次々と入社させている。例えば、Uber Head of AviationのEric Allison氏はもともと、Googleの創業者の1人であるLarry Page氏が出資していることで著名なKitty HawkでeVTOL機の開発を主導してきた。eVTOL機の開発を主導するMark Moore氏は、30年以上のキャリアを持つ元NASAの技術者である。eVTOL機に不可欠な電池システムの開発責任者は、元TeslaのCelina Mikolajczak氏。元NASAの技術者だったThomas Prevot氏は、航空システム開発の主導的な立場にある（撮影：日経 xTECH）

65

を立ち上げ、現在位置と行き先を指定すれば、機体とその離着陸場がアプリに表示され、簡単に乗れるようにするオンデマンドサービスである。このとき、離着陸場がやや離れた場所にある場合には、「uberX」や「uberPOOL」といった既存のライドシェアや、電動自転車のライドシェアで離着陸場に移動することを推奨し、トータルの移動時間を削減する。例えば、ラッシュアワー時にロサンゼルス国際空港から、ロサンゼルスのダウンタウンにある「STAPLES Center」へ移動する場合、uberXだと最大1時間20分かかるものの、uberAIRであれば、uberXなどで離着陸場にクルマで移動する時間を合わせても30分以内に到着できるとみる。

　公共交通との連携も図る。例えば2019年1月には、米コロラド州デンバーの交通局「RTD」と提携し、Uberのスマートフォン用アプリからRTDが運行する鉄道やバスといった公共交通機関を利用できるようになることを明らかにした。出発地と目的地をアプリに入力すれば、Uberの配車サービスを含めて、目的地までの移動手段や経路などを提案する。アプリ内で、配車サービスと公共交通機関の運賃を支払える。公共交通機関のチケットは、アプリ内の2次元バーコードとして表示される仕組みだ。uberAIR実現の際は、こうした公共交通との連携も図られるだろう。

　こうしたスムーズな移動を実現する運航管理システム「Operational Control」をUberは開発中である。同システムで機体の状況把握や運行管理、パイロットの管理、離着陸場の混雑状況の把握や管理、充電器の管理など、uberAIRのサービス提供に必要な一連の処理を自動的に行う。

　従来の航空機は基本的に、定時で運行させる。一方、uberAIRでは、ユーザーの要求が出てから運行する。このため、これまでの運航管理とは異なるリアルタイム処理が必要である。しかも、フライト数が桁違い

に増える。Uberによれば、uberAIRが本格的に普及した場合、1つの都市だけで、FAAが現在1日に管理しているフライト数の10倍以上に達するとみる。その大量のフライトを滞りなく、安全に処理する運航管理システムの実現にUberは力を入れている。

1-3-2 5社がeVTOL機開発、Uberはサービスプロバイダーに徹す

　このように、Uberは自動車によるライドシェアと同じく、機体を所有せずにあくまでサービスプロバイダーに徹する構えだ。そのため、多数のeVTOL機の運航管理と、自動車や電動自転車による自社のライドシェアや公共交通を包括してマネジメントする統合管理システムを中核とし、機体や離着陸場、充電器といった「ハードウエア」は外部企業と協業して実現する考えである。

　例えば機体に関しては、2019年3月時点で、米Aurora Flight Sciences（Boeing傘下）と米Bell Helicopter、ブラジルEmbraer、米Karem Aircraft、スロベニアPipistrelの5社がパートナー企業として名乗りを挙げている。さらなるメーカーの参入やeVTOL機の開発などを促すために、Uber自らも同機の参照デザインを設計し、公開してきた（図表1-3〜図表1-5）。

　2018年のElevate Summitで、最新のコンセプト機「eCRM（eVTOL Common Reference Models）-003」を披露した（図表1-6）。同機の特徴は、回転翼部に工夫を施し、騒音を抑制したことである。同軸上に2枚に重ねて配置した回転翼を4組、計8枚を離着陸用に、それらとは別に、1枚の回転翼を推進用に備える。離着陸用の各組2枚の回転翼を同じ方向に回すことで、1枚の大きな回転翼を利用する場合に比べて、騒音を抑制できるという。

図表1-3　Embraerのコンセプト機（提供：米Uber Technologies）

図表1-4　Karem Aircraftのコンセプト機（提供：米Uber Technologies）

第1章 勃興する新市場「空飛ぶクルマ」

図表1-5　Pipistrelのコンセプト機（提供：米Uber Technologies）

図表1-6　Uberの参照デザイン「eCRM-003」（提供：米Uber Technologies）

69

離着陸場は「未来都市」の建物

　機体開発だけでなく、インフラ整備にも余念がない。例えば、離着陸場「Skyport」に関しては、「3エーカーの敷地面積で、1時間当たり4000人以上の乗客を輸送できること」「モジュラーデザインを採用し、拡張性に優れること」などの条件を提示して、建築分野やエンジニアリング分野のコンサルティングファームなどからの提案を募った。

　応募された数十件の中から、実現性の高い6つを選び、2018年5月のElevate Summitで公開した。具体的には、（1）米Gannett Flemingと（2）米BOKA Powell、（3）米Humphreys & Partners Architects、（4）米Pickard Chiltonと英Arupのグループ、（5）米Corgan、（6）米The Beck Groupの案である。いずれも「近未来の都市ビル」のようなコンセプト

Gannett Fleming

1モジュールで1時間に52機の電動VTOL機の離着陸が可能。太陽光発電パネルを搭載。騒音を抑える遮音壁は、風を通す機構を備える。

BOKA Powell

1時間当たり1000回の離着陸に対応。離着陸を平均3分以内に行えるという。

Humphreys & Partners Architects

ハチの巣をモデルにした。各階で1時間当たり900人の利用客に対応。

Pickard ChiltonとArupのグループ

1つのモジュールで1時間に180回の離着陸が可能。ピーク時には1モジュールで1時間に最大1800人の乗客を輸送可能。

Corgan

1時間当たり1000回の離着陸に対応。既存の高速道路を活用。

The Beck Group

6角形のミツバチの巣から着想。1時間当たり最大1000回の離着陸に対応。

図表1-7　Uberは、大手建築事務所やエンジニアリング会社6社による、空のライドシェア向け離着陸場「Skyport」のデザインを発表した。いずれも、「近未来の都市ビル」のようなコンセプトだった（提供：米Uber Technologies）

第1章 勃興する新市場「空飛ぶクルマ」

だった（図表1-7）。

　ただし、一足飛びにこのような離着陸場を建設するのではなく、まずはビルの屋上など、既存の施設を活用する形で、離着陸場を設ける予定である。サービスを始める都市において、どこからどこまで人が移動するのか、時刻ごとにそのデータを自動車のライドシェアからあらかじめ収集・分析することで、効果的に人を運べる場所に離着陸場を設ける予定だ。例えばロサンゼルス市であれば、午前7時ごろの通勤時間帯では、同市の各地域から中心地に向かう移動が多く、正午ごろは空港に向かう移動が増加する。夕方になれば、ロサンゼルス市全体で、交通量がまんべんなく増える、といった具合である。

2MWと出力が大きい急速充電器

　こうした離着陸場に加えて、eVTOL機が内蔵する2次電池を充電する急速充電器のコンセプトも発表している。例えば米ChargePointは、2018年のElevate Summitで、最大出力2MWの充電器のコンセプトを披露した。同社によれば、eVTOL機の充電器は、トラックやバスといった大型の電動車両向けと共通する部分が多いという。そのため、大型車両向けとコネクター部分を共有できる形状にした（写真1-19）。

写真1-19 米ChargePoint CEOでPresidentのPasquale Romano氏。同社は、ライドシェアで用いるeVTOL機に向けた充電器のコンセプトを披露した。今回の充電器は、最大2MWを供給可能で、500kWを出力できる電源回路を4つ搭載する予定である（撮影：日経 xTECH）

この充電器は、バッテリーマネジメントシステムとのインターフェースを4つ、500Aを供給できる電源回路を4つ搭載する予定。各電源回路の電圧範囲は200〜1000Vとする。最大2MWという大きな電力を供給するため、充電時の発熱が課題になる。そこで、オプションとして、コネクター部に補助液冷システムを採用する予定だ。屋外の離着陸場に設置するので、堅牢性も高めるという。

1-3-3　uberAIRにとって魅力的な都市「東京」

2018年8月には、米国外で初となる関連イベント「第1回Uber Elevate Asia Pacific Expo」を東京で開催し、米国外でもuberAIRを始める方針を強く打ち出した。そこでuberAIRを導入する国の条件として大きく4つの要件を示した。第1に、uberAIRのニーズがある大都市であること。第2に、渋滞などの交通に関して問題を抱えていること。第3にuberAIRの発着場「Skyport」などのインフラが設置可能であること。第4に、新しいモビリティーを支援する行政のコミットメントがあることである。この4つの要件を踏まえて、実証試験の候補国として、日本とオーストラリア、ブラジル、フランス、インドの5カ国を挙げた。

このうち、Uberが特にuberAIRを展開したいと考えている都市は、東京だとみられる。東京は世界有数の巨大都市であり、発達した公共交通機関を持ち、それを利用して数km〜数十kmを移動する機会が多い。これは、eVTOL機の利用距離としては適した距離だ。実際、イベントに登壇したChief Operating OfficerのBarney Harford氏は、uberAIRを展開する上での日本の魅力を、「先端技術と、高度に発展した交通インフラ」と語った。

第1章　勃興する新市場「空飛ぶクルマ」

　鉄道やバスなどの公共交通機関が整った日本であっても、なお混雑する都市部では、既存の交通機関を補完させるかたちでuberAIRへのニーズはある。さらに、東京にはヘリポートを備えているビルも多いため、それを少し改装するだけで、eVTOL機の離着陸場を設置できる。こうした状況から、uberAIRのマーケットとして日本を魅力的だとみているようだ。

　さらに、2020年には東京オリンピック・パラリンピックが開催される。uberAIRの商用運行の開始は2023年の予定だが、同社は2020年に試験飛行を予定している。世界中が注目する東京オリンピック・パラリンピックに合わせて試験飛行を東京で実現できれば、新しい交通手段を大々的に世界にアピールできる。

　2018年8月開催のイベントでは、東京でuberAIRを利用した際の移動時間や運賃などの試算結果を示し、空のライドシェアの有用性をアピールした。例えば、成田国際空港と東京国際空港（羽田空港）間をuberAIRであれば17分間で移動できるという。現在は、鉄道やタクシーを利用して1時間以上かかっている。uberAIRのサービス開始時期の運賃は、専門運転手付き高級車の配車サービス「Uber Black」と距離当たりで同程度にする予定だという。

写真1-20　東京都知事の小池百合子氏が基調講演に登壇（撮影：日経 xTECH）

73

このイベントを開催する前から、Uberは東京で試験飛行を実施するよう、行政側の人物に対して、強く働きかけていた。こうした背景から、米国外では初となる空のライドシェアのイベントを東京で開催し、東京都知事の小池百合子氏が基調講演を行うに至ったと推察できる（写真1-20）。

　この東京でのイベント以降、2019年2月時点で、uberAIRに関する大きな情報アップデートはない。米国外の試験飛行都市決定の発表もなされておらず、選定中だとみられる。

　2019年6月には米国ワシントンDCで3回目となるElevate Summitを開催予定である。米国外の実証試験都市を含めて、uberAIRに関する情報が大きくアップデートされるだろう。

第 1 章　勃興する新市場「空飛ぶクルマ」

ウーバー CEO が語る、「空飛ぶタクシー」実現のシナリオ

「エアタクシー」や「空のライドシェア」に関する米Uber Technologies（ウーバーテクノロジーズ）のカンファレンス「2018 Elevate Summit (the 2nd Annual Uber Elevate Summit)」（2018年5月8～9日、米国ロサンゼルス）で、同社CEOのDara Khosrowshahi氏が登壇。同じく壇上に上がった米Bloomberg NewsのAuthor and JournalistであるBrad Stone氏のインタビューに答えるかたちで、2023年開始を目標に据える空のライドシェア「uberAIR」のビジネスモデルや、実現に向けた課題と対策などについて語った。

Brad Stone氏：「uberAIR」のような空の都市交通になぜ投資しているのですか？

写真1-A　イベントの様子。左がUber CEOのKhosrowshahi氏、右がBloomberg NewsのStone氏（右）（撮影：日経 xTECH）

Dara Khosrowshahi氏：2017年8月にCEOに就任して以来、Uber内の事業ポートフォーリオを見たときに、Uber Elevateについて知りました。その際、Uberは自動車のライドシェアだけでなく、都市交通全般で事業を行えると考えました。世界中の都市はさらに大きく成長しており、その成長に鉄道などの既存の交通インフラが追い付いていません。クルマのライドシェアを通じてその現実を目の当たりにし、uberAIRのようなこれまでとは異なるアプローチが必要だと実感しました。そこで、空の都市交通の分野で、我々は「パスファインダー（先駆者）」になろうと思い、大胆な「賭け」に出たのです。

Stone氏：そう考えるようになるまで、開発チームとどのような話し合いをしたのでしょうか。

Khosrowshahi氏：チームメンバーと何回も議論を重ね、そして1マイル当たりのコストを計算するなど、さまざまな評価を行いました。その結果、実現に向けて多数の課題があることが分かりました。それらの課題をUber単独では克服できません。空の都市交通は、従来のモビリティー（移動手段）とは違うので、異なるアプローチが必要です。非常に多くのプレーヤーとのパートナーシップが不可欠です。

自動運転プロジェクトの違いとは

Stone氏：uberAIRを実現するためのElevateプロジェクトと並行して、Advanced Technologies Group（ATG）で自動運転車を開発しています。LiDARまでも開発していると耳にしました。ATGとElevateは似ているように見えるのですが、違いはあるのですか？

Khosrowshahi氏：ElevateとATGの根本的な違いは、Elevateは航空宇宙や航空機の分野だということです。これらの分野では、自動車分野とは異なる安全面の実績を積む必要があり、ATGと同じアプローチを採ることは適切ではありません。航空宇宙や航空機分野では、既に長い間ビジネスを行ってきたプレーヤーが多数いますし、規制当局との長期にわたるパートナーシップが必要です。

Stone氏：それでもATGはElevateに似ているように感じます。Elevateは、自動運転でUberが直面しているいくつかの課題を解決する手段になり得るのでしょうか。

Khosrowshahi氏：最終的に、そうなる可能性があります。自動運転は、ハードウエアとソフトウエアの組み合わせです。ですから、ATGではソフトとハードを一緒に開発し、自動運転における諸問題の解決を図っています。それは、我々の中核事業で実績があるクルマのライドシェアサービスと近いアプローチです。

写真1-B　JUMP Bikesの電動自転車
（撮影：日経 xTECH）

だからこそ、ATGのアプローチは正しいと考えています。しかも、自動運転に関しては、スウェーデンVolvoやトヨタ自動車、フランスRenaultといった自動車メーカーと協業しています。多くのメーカーと協業しているという点は、Elevateと同じです。ですから、ATGの活動は時間がたつほどElevateに似てくると思います。

　我々は、自動運転車のハードウエアの参照キットやセンサーの参照キットなどを作るつもりです。これらキットを使ってもらい、自動車メーカーに自動運転車を製造してもらう。Uber自らが自動運転車を製造するつもりはありません。そして、我々のキットを利用して作られた自動運転車を我々のネットワークに接続し、サービスプロバイダーになるつもりです。

uberEatsや電動自転車にも期待

Stone氏：Uberの地上でのサービスに目を向けると、自動車のライドシェアに加えて、料理を配送する「Uber Eats」を手掛けるようになりました。さらに、2018年4月には、電動自転車のシェアサービス「JUMP Bikes」を手掛ける米Social Bicyclesを買収しました。電動自転車のシェアサービスは非常にホットな分野です。uberAIRを含めて、こうした新しい事業の成長性について、どうお考えでしょうか。

Khosrowshahi氏：私は常に、事業の成長性に注意を払い、将来性がある事業に投資しています。それは2年後といった比較的短期で成長するものもあれば、4年後、8年後と時間がかかるものもあり、さまざまです。

現在、我々が行っているコア事業（自動車のライドシェア）は今後も成長を遂げると思います。しかも我々がまだ手掛けていない新市場があり、それらは我々のマッチング技術で改善できる余地が多々あります。つまり、「広大で豊富な土地（大きなビジネスチャンス）」が我々の目の前に広がっているわけです。

ライドシェアでは、1台の自動車にいかに多くの人を同乗させるかが、我々にとって今まさに重要なことです。1台のクルマに乗る人の数が増えれば増えるほど、都市部の渋滞や環境汚染の問題の解決につながります。ですが、より多くの人を同乗させるには、技術面や社会面でさまざまな課題があります。例えば、お互いが見知らぬ他人同士で、自動車という狭い空間で一緒にいることは気まずく、1台のクルマに多数の人を乗せるのは難しいものです。ですから、クルマのライドシェアはまだ初期の成長段階にあり、今後より成長させるために投資を続けていきます。

写真1-C　Khosrowshahi氏
（撮影：日経 xTECH）

第1章　勃興する新市場「空飛ぶクルマ」

一方、Uber Eatsのような料理の配送サービスは中国を除いて世界にあまり存在していません。ですから、Uber Eatsは既に、世界最大級の食事の配送サービスになりました。それでも、Uber Eatsを始めてから2年半程度しか経過していません。そう考えると、まだまだ高い成長を期待できます。

電動自転車のシェアサービスも、今後大きく成長する可能性を持ったビジネスです。今後2～5年以内に大きく成長するとみています。サンフランシスコでは、JUMP Bikesの電動自転車の平均移動距離は2.6～2.7マイルです。この距離は非常に重要な距離で、多くのクルマ移動を置き換えることができます。

uberAIRに関しては、今後5～10年以内に成長段階に入るでしょう。特に、約5年を経過した段階から、急速に成長すると考えています。

ドローンで「空飛ぶハンバーガー」

Stone氏：ドローンを使った食料や荷物の配達を始める可能性は？

Khosrowshahi氏：もちろん、Uber Eatsでドローンを使い、ハンバーガーといった料理を配達することも考えています。「フライングバーガー（空飛ぶハンバーガー）」は、みなさん、ほしいですよね。我々は、誰もが必要とするものを実現したいと思っています。注文してから到着するまで30分かかっていたものが、空から配達されることで、5分で到着します。それは革命的なことです。

Stone氏：いつごろのサービス開始を予定していますか？

Khosrowshahi氏：あまり詳細は言えませんが、現在議論中です。

スケジュール通りに進む

Stone氏：uberAIRでは、2020年に飛行試験を実施し、2023年までに商用サービスの開始を予定しています。現在の技術面や規制面、社会面などの課題を考慮すると、このスケジュール通りに進めるのは難しいのではないでしょうか。

Khosrowshahi氏：いえ、我々は達成可能だと考えています。uberAIRについて強調したいのは、少数の人のためではなく、大勢の人が利用可能なサービ

79

スだということです。Peter（直前の講演に登壇した、米XPRIZE Foundationの Founderで、Executive Chairmanを務めるPeter H. Diamandis氏）が示したように、一度サービスが始まると、技術は指数関数的に進化し、一気に身近なサービスになると考えています。

　携帯電話のように、劇的にコストが下がる可能性もあります。uberAIRのような空のライドシェアサービスは、10年後、15年後の都市交通に不可欠なものになるでしょう。

米国外の需要も大きい

Stone氏：現在、Uberが力を入れていることもあり、米国が空の都市交通の分野で先行しています。今後も米国が先行し続けるでしょうか。あるいは、他の国や地域で、最初に空の都市交通が実現されるでしょうか。

Khosrowshahi氏：都市部における交通渋滞や環境汚染の問題は、米国の大きな都市だけでなく、その他の国や地域でも深刻な問題になっています。世界最大級の都市は、米国外にも存在します。世界各国の巨大都市における交通渋滞や環境汚染の問題を解決する単一の手段というのはありません。さまざまな解決策を講じる必要があります。ですから、我々は自動車や垂直離着陸（VTOL）機によるライドシェアだけでなく、電動自転車のライドシェアにも取り組んでいます。

機体は所有しない

Stone氏：Uberのビジネスモデルは、自動車のようなハードウエア資産を持たない形態です。ただ、空のライドシェアで用いる機体は、自動車に比べて非常に高価ですから、自動車のように、個人が誰でも気軽に購入できるようなものではありません。その点から、uberAIRのビジネスモデルは自動車のライドシェアに比べて変更する点はありますか。

Khosrowshahi氏：自動運転車のように、新たなビジネスモデルを生む可能性はありますが、uberAIRに関しては、どのような機体を利用して、どう事業を展開するのか、細かく決まっていません。少なくとも、我々は機体を所有する

第1章　勃興する新市場「空飛ぶクルマ」

つもりはありません。

　uberAIRに関心を寄せる多くの機体メーカーは、機体を単に売るだけでなく、継続して利益を得られるサービス事業に関心を寄せています。ですから、機体メーカーは機体のメンテナンスなどで収入を得たり、機体を自ら所有して運航会社にリースしたりすることも考えられます。

　航空分野では、所有機体を運航会社にリースする企業が既に多数存在します。ホテル分野でも、例えば、ホテル会社は自ら建物や敷地を所有せずに、REIT（不動産投資信託）や複数の個人の出資で購入したホテルを代わりに運営するケースもあります。こうしたビジネスモデルをuberAIRで採用できる可能性があります。

規制当局とは積極的に話し合う

Stone氏： Uberの歴史を振り返ると、Uberは政府と協力して作業することを苦手とする企業だと思っています。これまでだとまず何かを始め、そしてそれによってどのような反応が起きるのかを見る、という姿勢でした。ですが、uberAIRでは、商用サービス開始前の早い段階から、FAA（米連邦航空局）とパートナーシップを持った。なぜこのような違いがあるのでしょうか。

Khosrowshahi氏： そう見えるかもしれませんが、我々は以前から、行政側や各地方の規制当局と協力してきました。まったく話し合いをしてこなかったわけではありません。ただ、企業はそのサイズに応じて、振る舞いを変える必要があると考えています。Uberのサービスを開始した当初、我々は創業間もないスタートアップ企業で、よりよい社会を実現するために、既存のいくつかの規制を壊さなければいけなかった。

　我々がシェアリングサービスを始めたことで、個人が所有する自動車の台数は減ったかもしれませんが、これまでよりも多くの人々に、モビリティーサービスを提供できるようになりました。そして、このサービスのおかげで、約300万人の運転手が生計を立てられるようになったと自負しています。

　自動車のライドシェアでは、これまで行政側や規制当局と何年もかけて、関係を構築してきました。ですが、空のライドシェアのプロジェクトにおけるFAAとの関係は、我々にとって新しいものです。uberAIRを構想した早い段階

81

から、FAAやNASA（米航空宇宙局）などに話を持ち込み、彼らと話し合いながら、アイデアを形作っていきました。航空分野は、我々がこれまで事業を行ってきた地上とは異なるルールが存在し、それに従う必要がありましたから。

「セーフティーファースト」で臨む

Stone氏：そうですね、特に地上で求められるものとは違う安全性を確保しなくてはなりません。Uberは、空のライドシェアで事故をどう未然に防いだり、事故が起きた時にどのようにして安全を確保したりするつもりですか？

Khosrowshahi氏：業界関係者や規制当局としっかり話し合い、協力を得ることで、安全性を確保しなくてはなりません。空のライドシェアは、非常にイノベーティブですが、強引に推し進めて安全を犠牲にしたくはありません。ですから、我々は、機体の安全性を担保しないといけない。良質な空のライドシェアサービスの提供はもちろん、安全性も追求しなくてはなりません。ですから、常に「セーフティーファースト」を念頭に置いています。

Stone氏：万が一、何らかの事故が起きたら、どのように補償しますか？

Khosrowshahi氏：もし、我々のサービス利用時に事故が発生した場合、おそらく事故の責任は、我々にあるでしょう。しかし、みなさんはもっと詳細に、事故が起きた際の責任の取り方を知りたいのではないでしょうか。この点は今まさに、さまざまなパートナーと議論している最中で、なるべく早く明確にしたいと考えています。ハードウエア技術にソフトウエア技術、そしてネットワーク技術を密接に組み合わせて、非常に安全な運航管理システムを構築するつもりです。

プライバシーに配慮して各種データを共有

Stone氏：航空ビジネスでは、信頼と透明性の確保が必要不可欠です。ですから、uberAIRのネットワークが稼働しているときに、FAAや他の公的機関と運航データを共有する必要があります。その点はどうするつもりでしょうか。

第1章　勃興する新市場「空飛ぶクルマ」

Khosrowshahi氏：我々は、uberAIRで得られた各種データを適切に共有するつもりです。利用者のプライバシーの保護がこれまで以上に重要になっています。ですから、細心の注意を払って、利用者のプライバシーを保護しつつ、運航の安全と透明性を確保するために、規制当局とデータを共有しなくてはなりません。既に自動車のライドシェアでも、現時点で行政側が通りや駐車場などを計画するために多数のパートナー都市と、トラフィックパターンに関するデータや2～3年後のトラフィックの予測データなどを匿名化して共有し始めています。

空のライドシェアは社会に受け入れられるか

Stone氏：規制だけでなく、社会に受け入れられるかどうか、つまり社会受容性が大きな課題になります。今ある空港ですら、近隣住民とトラブルになったり、受け入れてもらえなかったりしています。空のライドシェアを受け入れてもらうために、何か施策を考えていますか。

Khosrowshahi氏：今回のSummitで紹介した離着陸場のデザインは、かなり大規模なものでした。ですが、離着陸場で我々が重視しているのは、モジュ

写真1-D　質問するStone氏
（撮影：日経 xTECH）

ラーデザインです。小規模な離着陸場を1単位とし、都市のサイズや立地など状況に応じて、サイズをフレキシブルに変更できるようにしています。

　こうすることで、都市のサイズや場所、都市交通の整備状況などに関わらず、uberAIRを必要とするどのような都市にでも、サービスを展開できるようにするつもりです。

自律飛行でパイロット不足を補う

Stone氏： uberAIRが本格化し、計画通りに進めば、非常に多くの機体が飛び交うようになります。そうなると、パイロットが不足するのは明白です。ですから、将来は自律飛行で運営するのでしょうか。

Khosrowshahi氏： ご指摘の通り、事業を拡大するうえでパイロット不足が最大の課題になるでしょう。uberAIRでは、安全かつ快適な移動サービスを提供するために、サービス開始直後にはパイロットを必要とします。

　ただし、コストがかかります。ですが、長期的なビジネスを構築するためは、短期の損失はつきものです。しかも、サービスを提供できる地域は、立ち上げ当初は限られますから、最初から大きな収入は得られない。だからこそ、世界中でサービスを展開できるようにするために、初期の損失には目をつぶり、サービスを立ち上げて、マーケットを作る必要があります。一度サービスが始まり、需要が増えてくると、マーケットはどんどんと成長していきます。

　その際、パイロット不足が大きな課題になりますので、いずれ完全自律飛行を可能にし、それを適用することになるでしょう。自律飛行に関しては、地上での自律運転よりも課題が少ないという意見もあります。

Stone氏： かなりの頻度で機体を飛ばす予定です。

Khosrowshahi氏： はい。その分、空域における規制は今よりずっと厳しくなり、飛行状況をより予測しやすくなると考えています。ですから、自律飛行は今後10年以内に実現できると考えています。

Google創業者出資の新興企業と組みたい

Stone氏: あなたは以前、米Expedia（エクスペディア）のCEOで、その時代米Google（グーグル）の大きな顧客でした。ですから今でも、Googleとその親会社である米Alphabet（アルファベット）の人たちと交流があると思っています。Googleの創業者の1人であるLarry Page氏は、米Kitty HawkなどのeVTOL機の新興企業に出資しています。Uberは、空のライドシェアについて、Larry Page氏と話をしていますか？あるいは、Kitty Hawkが開発しているeVTOL機はuberAIRのためのものなのでしょうか？

Khosrowshahi氏: 私は彼と話したことはありませんが、Kitty Hawk CEOのSebastian Thrun氏と話し合いました。米Waymo（Google系の自動運転車開発企業）と和解の後です。彼らの機体は非常にクールです。ですから、我々のパートナーになってほしいと思っています。

1-4

DaimlerやIntelを魅了する ドイツの「空飛ぶクルマ」、 Uberに挑戦状

　自動車のライドシェアでは大きな存在感を見せている米Uber Technologies（ウーバーテクノロジーズ）だが、空のライドシェアでも同様になるかどうかは分からない。空のライドシェアはまだ始まっていないだけに、新興企業も、空のライドシェア市場を席巻できるチャンスが十分にある。

1-4-1　注目はドイツVolocopter （ボロコプター）

　そんなUberに比肩し得る新興企業として注目されているのが、eVTOL機「Volocopter」を開発中のドイツVolocopter（ボロコプター）である（写真1-21。以降、社名をボロコプター、機体名をVolocopterと表記）。同社は2012年の創業で、ドイツDaimler（ダイムラー）や米Intel Capitalなどから出資を受けている。米CrunchBaseの調べによれば、出資の総額は2017年11月時点で3120万ユーロ（39億3120万円、1ユーロ126円換算）。2017年9月にはドバイで自律飛行を成功させ、2018年1月のCESでは米Intel（インテル）の基調講演に登場。実際に飛行する様を見せて、会場を沸かせた。

86　空飛ぶクルマ　電動航空機がもたらすMaaS革命

第1章　勃興する新市場「空飛ぶクルマ」

写真1-21　2018年のCESでは、Intelの基調講演で飛行デモを見せた（撮影：日経xTECH）

　ボロコプターが狙う市場は、都市内の移動用途である。都市の中心部と最寄りの国際空港を結ぶ「ピア・ツー・ピア」の交通手段への適用を目指す。例えば、羽田空港や英国ロンドンのヒースロー空港、米国ニューヨークのJFK空港などである。こうした大都市のそばにある空港は「ほとんどVolocopterの飛行範囲にある」（同社CEOのReuter Florian氏）という。

　Volocopterだけを使う想定ではなく、鉄道やバスなどの他の交通手段と協調して移動時間の短縮を図る[注]。「都市航空交通は重要なサービスだが、タクシーや地下鉄などの地上輸送を置き換えることはないだろう」（Reuter氏）との判断からである。このとき重要になるのが、他の地上輸送との接続方法や、他のeVTOL機やドローンが飛び交う低空域での運航管理、eVTOL機の離着陸インフラなどといった「マネジメント」である。このマネジメントにおいて「GPSナビゲーションを含めた通信技術

87

が重要になる」（Reuter氏）と考えている。

注　根津、「ダイムラーやインテル出資の電動航空機、切り札は18個の回転翼と交換式電池」、『日経xTECH』

18個のローターで安全、かつ静かに

　Volocopterは18個のローターを搭載した2人乗りのeVTOL機である。フル電動型で、現行の機体「2X」では約27分の連続飛行が可能。最大航続距離は27km（MTOM：最大離陸質量）に達する。

　騒音を抑えるために、あえて2人乗りの小型機にした。「2人乗りだけでなく、4〜10人乗りの機体への需要もあるが、都市部で飛行できるほど静音化にするにはハードルが高い。2人乗りは運賃が高くなると思われるかもしれないが、電動機のため運用コストは安く、その結果、運賃を抑えられる」（Reuter氏）とみる。例えばニューヨーク市マンハッタン区で、約100米ドルの運賃にしても「利益を出せる」（同氏）と考えている。実用化当初は、パイロットが操縦するので、乗客は1人となる。いずれ自律飛行にする予定だ。ただし、「自律飛行は技術的にも、規制の面でも実用化するにはあと少なくとも5年かかるだろう」（同氏）とみる。

　機体の開発で注力したのが、安全性の向上と騒音の抑制である。安全性向上のために、例えば推進系を冗長にした。ローターを18個にしたうえ、2次電池モジュールを9個、フライトコントローラーを複数個搭載しており、仮にどれかが故障しても、「飛行できるようになっている」（Reuter氏）。機体内の通信ネットワークにも冗長性を持たせているという。故障時の交換も容易にした。例えば、ローターの場合、「故障した際、簡単で安価に交換できる」（同氏）とする。

　信頼性を高めるために、電気配線に比べて電磁雑音への耐性が高い光

第1章　勃興する新市場「空飛ぶクルマ」

配線でFly-by-Wire（フライ・バイ・ワイヤー）システムを構築した。同配線には、屈曲性に優れるポリマー性の光ファイバーを採用する。光配線によるFly-by-Wireシステムは「軍用機で実績があるものの、商用機で利用されるのは初めて」（Reuter氏）だという。

２次電池は交換式

　離着陸場や充電インフラの開発にも力を入れる。ボロコプターは２次電池の急速充電ではなく、交換式を採用する。フル電動機の多くが、離着陸場での急速充電を想定している。例えばUberがそうだ。同社は、離着陸場で、メガワット（MW）級の急速充電器の利用を想定している。

　一方、ボロコプターは急速充電に否定的な見方をしている。急速充電は「２次電池の寿命を短くするし、速くても満充電までに10分はかかり、ユーザーにとって長く感じるだろう」（Reuter氏）。そこで、同社はバッテリー交換式を採用する。

　実際、２次電池の交換を自動で実行できる離着陸場の開発を進めている。着陸後、ランディングパッド（着陸用スペース）から自動で機体がベルトコンベアーのように運ばれ、その間に自動で２次電池を交換する。このフローシステムを採用すれば、ランディングパッドにすぐにスペースができて、着陸しやすくなる。

　ただし、この仕組みはすべての離着陸場に設けない。ハブとなる都市の中心地にある離着陸場だけに設ける予定で、２次電池も航空機に適したものを搭載する予定である。特に航空機用は、「通常よりも高いCレート、すなわち高い出力レートが必要になる。特に離着陸以外は、自動車向けバッテリーに比べて、一定でかつ高い出力が求められる」（Reuter氏）。こうした条件を満たした２次電池を搭載予定だとした（図表1-8）。

89

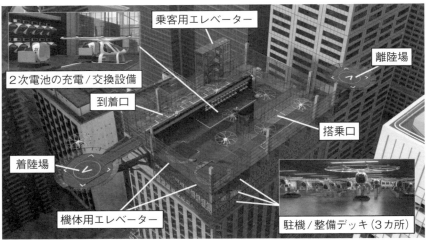

図表1-8 2次電池の交換を自動で実行できる離着陸場のイメージ（上）、2次電池の自動交換システムのイメージ（下）（出所：ボロコプター）

第 1 章　勃興する新市場「空飛ぶクルマ」

1-4-2　ボロコプターは2020年の実用化を狙う

　現在の機体である2Xは 2 世代目だ。初代機と第 2 世代品ともに「既にドイツでの飛行認証を受けた」(Reuter氏)。2019年には世界中で飛行デモをする予定で、2020年には定期運航を始めたいとする。2020年10月にドバイ国際博覧会が始まるので、この時期は「ちょうどよい機会だと思っている」(同氏)。

　現在の第 2 世代品をベースに、信頼性をより向上させた、EASA (欧州航空安全機関) の基準を満たす商用機を開発中。これを第 3 世代品とすれば、この機体で商用サービスを始めたいとする。そして、自宅の前に離着陸場ができ、自律飛行も実用化されていれば、利用者は好きな時に都市のどこにでも移動できるようになる。おそらく、「2025〜2030年ごろになるだろう」(Reuter氏)。

　実用化に向けて、出資者であるDaimlerやIntelの協力を仰ぐ。「我々のビジネスは、大量生産やイノベーションのサイクルなどの面で、従来の航空機よりも、むしろ自動車に近い。それだけに大変心強く、製品化については心配していない」(Reuter氏) と、Daimlerとの協業の意義を強調する。

　Intelに関しても、「重要なパートナーで、出資者というだけでなく、イスラエルMobileyeなど、自律飛行に必要なセンサー技術を持っている点が大きい」(Reuter氏) と語る。

　このほか、例えば通信やパワーエレクトロニクス、バッテリーの分野でパートナーを求めているという。

91

シンガポールで実証試験を開始

　実用化に先立ち、ボロコプターは実証試験を始める。例えば、シンガポールでエアタクシーの飛行試験を行う。シンガポールの交通省（MOT：Ministry of Transport）と民間航空庁（CAAS：Civil Aviation Authority of Singapore）、経済開発庁（EDB：Economic Development Board）と協力し、2019年後半から試験を開始する(注)（図表1-9）。

注　根津、「インテルとダイムラーが惚れ込むドイツの「空飛ぶクルマ」、ウーバーに挑戦状」、『日経 xTECH』

図表1-9　シンガポールの飛行試験のイメージ（出所：ボロコプター）

　飛行試験では、ボロコプターのeVTOL機がシンガポールの都市環境でオペレーションできるかどうかを検証する。その後、「パブリック・デモ・フライト」を行う予定である。この飛行試験に先立ち、ボロコプターとCAASは、試験の対象範囲の決定や試験要件の確認などで協力する。プレスリリースの中で、CAASのDirector（Aviation Industry）のHo Yuen Sang氏は、「エアタクシーやeVTOL機は、都市のモビリティーや物流を大きく変える可能性がある。この分野で、ボロコプターは最前線にいる。CAASは同社と協力することで、エアタクシーに関する技術検

第1章　勃興する新市場「空飛ぶクルマ」

証や飛行試験を促進する適切な運用ガイドラインを構築できることを喜ばしく思っている」といった趣旨のコメントを寄せている。

　飛行試験だけでなく、ボロコプターはシンガポールに製品設計と開発のチームを立ち上げる。さらに、シンガポールでエアタクシーを実現できるように、ボロコプターは協力を得られる不動産デベロッパーやモビリティーサービス提供者などを探す予定である。

実証都市を増やすことがカギ

　eVTOL機を利用したエアタクシーや空のライドシェアの分野で主導権を握るために、今回のような実証試験を実施する都市を増やすことが重要になる。すなわち、行政側の協力を得ることである。

　そういった意味で、今回のボロコプターによるシンガポールでの飛行試験に対して、複雑な思いを抱いているのはUberだろう。同社はeVTOL機による移動サービス「uberAIR」の2023年の商用化を目指している。それに先立ち、米国では2020年ごろに、ダラス市やロサンゼルス市で実証試験を行うほか、米国外の都市で新たな実証試験を行えるように働きかけている。その候補として、Uberは2018年8月に東京で開催した「Uber Elevate Asia Pacific Expo」で、日本の他、インドとオーストラリア、ブラジル、フランスの5カ国を挙げた。

　この発表の中に、シンガポールがなかったのは意外だった。2018年5月のElevate Summitでは、そのパネルディスカッションに、シンガポールMOTのDirector of Future DivisionであるChris Leck氏が登壇していたからだ。Uberはシンガポールに働きかけていたものの、今回のボロコプターとの協業があり、うまく話がまとまらなかったのかもしれない。

1-4-3　ボロコプターはUberのライバルに

　Uberは、自動車のライドシェアと同じく、uberAIRでもハードウエア、すなわちeVTOL機を所有するつもりはない。そのため、UberにとってeVTOL機メーカーの協力は不可欠である。

　こうしたことから、2018年5月のElevate Summitでは「(eVTOL機を手掛ける)ボロコプターがなぜ登壇しないのか。ボロコプターはuberAIRに参画するのか、しないのか」という趣旨の質問が参加者から出ていたが、Uber関係者は明確に回答していなかった。

　その「答え」は、Elevate Summitの約3週間前、ボロコプターが2018年4月に発表したプレスリリースにあった。このリリースで、先ほど紹介したエアタクシーの離着陸場や充電システムといったインフラについて発表した。これまでは、機体に関する発表が主だったので、ボロコプターは単なるeVTOL機メーカーだと思われていた。このインフラの発表によって、ボロコプターはeVTOL機を提供する単なるメーカーにとどまらないことが明らかになった。つまりボロコプターは、エアタクシーや空のライドシェア分野で、Uberに挑戦状を叩きつけた。

　とはいえ、ボロコプターは、都市航空交通サービスに必要なものを「すべて自前で用意するつもりはない」(Reuter氏)。例えば、Volocopterを複数台所有し、同サービスを顧客に提供するオペレーティング企業を立ち上げて、通信やインフラ、交通管理を担う企業や団体と協業していくつもりである。

　ジャカルタや東京など、ドイツから遠く離れた地域では、「我々は、自らオペレーティングせず、地元の企業に任せたいと思っている。もちろ

ん、既存の規則を強引に変えて実現するつもりはない。航空分野はとにかく安全が優先される。規制当局や行政側と信頼関係を構築しながら進めていく必要があると思っている」（Reuter氏）と語る。

　2019年2月には、フランクフルト空港などを運営するドイツの空港運営企業Fraportと、空港でのエアタクシーに向けた地上インフラや運営のコンセプトを共同で開発することを明らかにした。中でも、エアタクシーの離着陸場を既存の交通インフラに効率よく統合することや乗客のスムーズな乗降などに注力するという。将来、Volocopterの離着陸場がフランクフルト空港と接続される可能性があるとする。同空港は、年間で約7000万人の乗客が利用するハブだけに、実現すればエアタクシー普及に弾みがつきそうだ。

ドクターヘリ代替えに向けてフィージビリティスタディ

　エアタクシーやライドシェア以外の用途も開拓中である。例えば、救命救急用ヘリコプターを運用しているドイツの非営利団体ADAC Luftrettungと、同ヘリコプター代用に向けたフィージビリティスタディ（実行可能性調査）を実施する。

　ADAC Luftrettungが行うのは、「HEMS（Helicopter Emergency Medical Service）」である。日本では、「ドクターヘリ」として知られており、医師や看護師などがヘリコプターに同乗して救急現場に向かい、患者を医療機関に搬送するまでの間、医療処置を行う。ADAC Luftrettungは、37カ所の離着陸場で、50機を超える救命救急用ヘリを運用しているという。今回のフィージビリティスタディの目的として、従来よりも早く医師が現場に到着できるようにするなど、救急医療の改善を挙げる。

　さらに、従来のヘリコプターに比べてeVTOL機は、機体価格や運航コ

スト、維持コストなどを大幅に低減できる可能性がある。これまではこうした可能性は論じられてきたが、今回のようなフィージビリティスタディが始まることで、より具体性を帯びてくる。

　フィージビリティスタディでは、2つのエリアを想定し、Volocopterの eVTOL 機を HEMS に利用した場合のシミュレーションを行う。担当するのは、ミュンヘンの Ludwig Maximilian University にある Institut für Notfallmedizin und Medizinmanagement（INM、Institute for Emergency Medicine and Medical Management）で、2019年春から開始する。数カ月以内に飛行試験も予定している。こうした一連の作業によって、eVTOL 機の利便性やコストなど検証する。最初の結果は、2019年の秋・冬ごろに示すという。フィージビリティスタディにかかる費用は、約1年半で約50万ユーロと見積もる。

　なお、想定するエリアは、ディンケルスビュール（Dinkelsbühl）の HEMS 拠点がカバーしているバイエルン（Bavaria）州アンスバッハ（Ansbach）群のエリアと、ラインラント-プファルツ（Rhineland Palatinate）州のエリアである。

第 **2** 章

電動化が変える航空機市場

2-1
電動化で始まる空の革命、あらゆるサイズの航空機に

2-1-1　成長する航空機産業

　空飛ぶクルマこと、eVTOL機の実現に不可欠な電動化技術。同技術に目を向けると、それ単独で大きな産業に成長する可能性が高い。電動化技術の応用先は、回転翼を備えたeVTOL機にとどまらず、「ジェネラルアビエーション」「ビジネスジェット」と呼ばれるような小型の固定翼機（写真2-1）、「リージョナルジェット」といった数十人乗りの中型機、「細

写真2-1　ビジネスジェットの例。代表格の1つである「HondaJet」。ホンダの航空機事業子会社である米Honda Aircraft Company（ホンダ エアクラフト カンパニー）が開発した。乗客6人が乗れる。写真は、2018年7月の「EAA AirVenture Oshkosh」で同社が展示した「HondaJet Elite」。電動推進系ではなく、ターボファンエンジンで飛ぶ（撮影：日経 xTECH）

第2章　電動化が変える航空機市場

胴（ナローボディ）」や「太胴（ワイドボディ）」といった100人以上が乗る大型機（旅客機）もその範疇にあるからだ。

　米国の市場調査会社MarketsandMarkets（マーケッツアンドマーケッツ）の調べによれば（2018年4月時点）、2018年の電動航空機市場の規模は9930万米ドル（約109億円、1米ドル110円換算、以下同）で、その後、年平均成長率（CAGR）4.17％で規模が拡大し、2023年に1億2180万米ドル（約134億円）に達するとみる。一見すると小さな金額に見えるが、この数字は小型機までしか含んでいない。大型の旅客機にも電動化が広がれば、その市場は急拡大する。

　100人以上が乗る旅客機のような大型機で推進系の電動化が始まるのは小型機より先で、「装備品（航空機システム）」と呼ばれる、航空機の機体構造（胴体や翼など）やエンジンを除いた機器類の電動化から始まっている。こうした電動装備品を搭載した航空機を「More Electric Aircraft（MEA）」と呼ぶ。装備品は、航空機価格の約40％を占めるとされており、MEA市場は大きい[注]。

注　NEDO、「次世代航空機向けの装備品開発に着手」、『2015年9月8日ニュースリリース』

　MarketsandMarketsの調べ（2016年11月）によれば、2016年時点でMEA市場は76億8000万米ドル（約8450億円）だという。その後、年平均成長率7.33％で拡大し、2021年に109億4000万米ドルに達すると予測する。日本円にして約1兆2000億円になる。

　さらにMarketsandMarketsが2019年4月に発表した調査によれば、発電機や電力変換器、エネルギーストレージ装置などの「aircraft electrical systems」（航空機用のパワーエレクトロニクス機器）の市場は、2019年に299億米ドルになる見込み。その後、年平均成長率5.67％で拡大

99

し、2025年には417億米ドル（約4兆6000億円）に達すると予測する。

　旅客機の装備品に加えて、推進系まで電動化が始まれば、その市場規模は跳ね上がる。大手航空機メーカーであるフランスAirbus（エアバス）と米Boeing（ボーイング）はいずれも、今後20年間、航空輸送量は年平均４％以上で成長すると予測し、2037年には600兆円を超える市場になるとしている。

　例えば、2018年11月開催の航空宇宙分野の展示会「国際航空宇宙展2018東京」の併設セミナーでAirbusが披露した予測によれば、2018〜2037年の20年間で、航空輸送量は年平均4.4％で成長するという。その結果、世界で運航される旅客機の数は２倍以上の４万8000機ほどになるとみている。新造機は、旅客機と貨物機を合わせて３万7390機になる見込みだ。金額ベースで、約５兆8000億米ドル（約638兆円）の市場規模になるとみている。このうち、100〜220席ほどの「単通路（Single Aisle）型」の機体が過半を占める。具体的には、２万8550機で、金額に換算すると約３兆2000億米ドル（約352兆円）になるとする。この金額そのままに、航空機の電動化市場の規模になるわけではないが、早ければ2030年代から、単通路型の旅客機にハイブリッド型の電動推進系が導入される。すなわち、電動化単体で巨大市場になり得る。

2-1-2　電動版ビジネスジェットで需要創出

小型機の電動化で需要を喚起

　航空機全般に広がり始めた電動化だが、電動推進系の導入を目指す理由や電動推進系が注目を集める背景などの状況は、機種ごとに異なる。eVTOL機がまったく新しい市場を作るのが主な目的なのに対して、ビ

ジネスジェットやリージョナルジェットといった小型機や中型機は、需要を喚起して既存の市場をさらに拡大することが期待されている。このうち、「電動版ビジネスジェット」は、eVTOL機とほぼ同時期、あるいは早期に商用サービスが始まると目されている。

　実際、2018年9〜10月にかけて、複数のスタートアップ（新興企業）が電動版ビジネスジェットの飛行試験を2019年に実施すると相次いで発表した[注]。航空機メーカーでは、米Zunum Aeroや米Wright Electricがそれぞれ、乗客数10人前後の電動航空機の飛行試験を2019年に実施することを明らかにした。電動航空機に向けた高出力・高密度のモーターを手掛ける米国の新興企業magniXも、出力500kW超で750馬力相当のモーターを小型航空機に搭載して、2019年後半に飛行試験を行う予定だ。

注　根津、「電動版ビジネスジェットが浮上、22年に運賃1/3以下で市場創造」、『日経エレクトロニクス2018年12月号』

　その結果、順調に進めば、2022年ごろには電動版ビジネスジェットの販売や同機を利用したチャーターサービスが始まる。これを皮切りに、数十人といったより多くの乗客を乗せられる「電動版リージョナルジェット」の実用化も視界に入ってくる。

　こうした企業は、ビジネスジェットやリージョナルジェットといった、小〜中型の航空機の電動化に対する潜在需要は大きいとみている。米国のように、高速鉄道網がそれほど発達していない地域では、100〜1000マイル（約160k〜1610km）離れた都市間の移動には、ビジネスジェットやリージョナルジェットを多用する。だが、燃費が悪く、運用コストが高くなりがちだという。

　電動航空機であれば、燃費向上や構造の簡素化によるメンテナンス負

荷の軽減などが可能になるので、こうした課題の解決につながる。例え
ばZunum Aeroの試算によれば、ハイブリッド化によって、乗客10人前
後の小型航空機の運用コストを1/3〜1/5にできるという。

電動化でフライト需要を喚起

電動化によってビジネスジェットやリージョナルジェットの運用コス
トを大幅に下げられれば、大都市で生じる人手不足や交通渋滞、地価高
騰などの諸問題を解決する手段になり得る。その結果、さらに需要が高
まると期待できるので、スタートアップが好機とみて参入しているので
ある。

例えば、magniXが本社を構えるシアトルを考えると分かりやすい。
シアトルでは、米Amazon.com（アマゾンドットコム）や米Microsoft（マ
イクロソフト）といった大手企業が本社を構える上、「Boeingや英eBay
（イーベイ）、米Facebook（フェイスブック）といったテクノロジー企業
が多い。だから、常にたくさんの求人がある。特に、ソフトウエア開発者
が多い。しかし、十分に人が集まっていない」（magniX CEOのGanzarski
氏）[注]。

注 根津、「電動航空機業界の「GE」目指す米新興企業、超電導モーターの研究も着手」、『日経
xTECH』

一方で、シアトルがあるワシントン州には、ほかにも工業都市がある
うえ、ソフトウエア人材を輩出する大学もある。例えば、「シアトルから
250マイルほど離れた場所にSpokane（スポケーン）という大きな工業都
市があり、250マイル以内にはコンピューターソフトウエアの学科を持
つ大学が3つある」（Ganzarski氏）。

それにもかかわらず、人手不足が続いているのは、シアトルへの適切

第2章　電動化が変える航空機市場

な移動手段がないからだとGanzarski氏は指摘する。「スポケーンからシアトルまで、自動車だと6時間かかる。フライトもあるが、（平均すると）1時間に1本程度と頻度が少なくて通勤に向かない。何より、1人当たりのチケット代は往復で300米ドル（約3万3000円）以上と高い」（同氏）。そこで、シアトルやシアトル近郊に住む手段があるが、「数年前から、不動産価格の高騰や通勤時間の交通渋滞がひどくなっている」（シアトルの複数のタクシー運転手）ため、住みにくくなっているという。

　電動航空機であれば運用コストを大幅に下げられるので、安価な運賃で高頻度に飛ばして、スポケーンのような周辺都市からシアトルに通勤できるようになるとみる。「1人当たりの航空運賃は50米ドル（約5500円）にできるし、飛行頻度も15分に1回にできるので、通勤にかかる時間を45分程度にできるだろう。そうなれば、シアトルに住まなくてもシアトルのAmazon.comやMicrosoftのオフィスで働くことができる」（Ganzarski氏）とみる。

既に顧客を獲得

　その中で、既に顧客の「心」をつかんでいるのが、例えばZunum AeroやWright Electricだ。例えばZunum Aeroの最初の顧客は、ビジネスジェットのチャーター手配などを手掛ける米JetSuiteである。同社はZunumの出資者でもある。米Boeingのベンチャーキャピタル（VC）であるBoeing HorizonXやLCC（格安航空会社）大手の米JetBlueのVCであるJetBlue Technology Venturesも出資しており、大手の航空機メーカーやLCCから信頼を得ていることがうかがえる。

　さらに、2018年10月に米国で開催された航空業界の動向に関するイベント「Revolution.Aero」では、JetSuite CEOのAlex Wilcox氏がZunum Aero CEOのAshish Kumar氏とともに登壇し、Zunum Aeroのハイブ

図表2-1　JetSuite向けZA10のイメージ（出所：Zunum Aero）

リッド型電動航空機の最初の製品である「ZA10」（図表2-1）を100機購入する予定だと話した。Zunum Aeroはこの100機を「数年かけて生産する」（Kumar氏）という。

　一方Wright Electricの顧客は、英国のLCC大手であるeasyJetだ。easyJetは2018年10月、Wright ElectricがスペインAxter Aerospaceと共同で、9人乗りのハイブリッド機に向けた電動推進系を開発中と明かした。2019年に飛行可能な水準にし、試験飛行を行うことを目標に掲げている。なお、Wright Electricはまだ「ステルス」の状態で、同社CEOのJeffrey Engler氏が、およそ月に1回投稿する公式ブログで、開発状況をわずかに発信する程度にとどまっている。

航空機業界の「ティア1」とタッグ

　これに対して、積極的に情報を発信しているのがZunum Aeroだ。同社初となる電動航空機ZA10に、フランスSafran Helicopter Enginesのターボシャフトエンジン「Ardiden 3Z」を採用することを2018年10月

第2章　電動化が変える航空機市場

に明らかにした。ターボシャフトエンジンによって発電機（ジェネレーター）を回転させて電力を生成し、この電力と2次電池の電力を使って機体を駆動する。

　ZA10は、エコノミーシート換算で12人、ビジネスシート換算で6人乗りの機体で、最大航続距離700マイルを想定している。モーターを2基搭載し、電動推進系の出力は最大1MWである。

　ターボシャフトエンジンの出力は1700〜2000軸馬力。ターボシャフトエンジンと発電機を組み合わせたものを「ターボジェネレーター（Turbo-Generator）」と呼ぶ。ターボジェネレーターの連続出力は500kW、最大連続出力は650kWだという。ZA10にはこのターボジェネレーターを2基搭載する。機体の主翼に2次電池を搭載する。この2次電池の電力は、離陸時に利用するという。巡航時はターボジェネレーターの電力だけで飛行する。

1座席で1マイル当たり10円以下

　Zunumは、ハイブリッド化によって、大幅に運用コストを改善できるとみる。その運用コストは、ZA10の場合、1座席で1マイル（約1.6km）当たり8米セント（約9円）、機体全体で1時間当たり250米ドルだという。これは、従来の機体に比べて60〜80％少ない金額だとする。

　今後は、このターボジェネレーターなどで構成するハイブリッド型の推進系を既存の航空機に搭載し、2019年後半の飛行試験を予定している。この飛行試験に先立ち、2018年第4四半期から2019年初頭にかけて、ハイブリッド型の推進系の地上試験をシカゴの施設で実施する。その間、ターボシャフトエンジンはフランスと米国で地上テストを行う予定だという。

こうした一連のテストを実施したのち、ZA10のプロトタイプを製作し、2020～2021年に認証を行い、2022年に顧客に引き渡したいとしている。

ZA10よりも大型の50人乗りハイブリッド機の開発にも着手している。5MWのハイブリッド型の推進系を搭載予定。2～3個のモーターを用いる方向で検討中だとする。2027年の実用化を目指している。

2-1-3 パイロット不足が深刻、電動小型機で育成促す

小型機の電動化は、パイロット育成を促すと期待を集める。前述のように、航空機の需要は今後、右肩上がりが予想されている。さらに空のライドシェアが本格的に立ち上がると、パイロット不足は深刻になる。AI技術や運航管理技術の進展などで、自律飛行が可能になればこの問題が解決するものの、完全にパイロットレス化するには、しばらく時間がかかる。そもそも、現時点で、既にパイロット不足が叫ばれており、パイロットの育成は航空業界で喫緊の課題である。

一方で、パイロット育成には時間もコストもかかる。例えば、パイロット育成の教育機関の費用のうち、「大半が燃料費」（複数の航空機業界の人物）とされる。パイロットになりたいという人がいても、高い学費にしり込みするのは想像に難くない。そこで、電動化推進系によって燃費を大幅に削減できれば、こうした課題解決につながる。

1～2人乗りの練習用の小型機であれば、2次電池の電力だけでモーターを駆動し、飛行させられる水準にある。実際、訓練用に向けた電動航空機を手掛ける企業が出ている。

第 2 章　電動化が変える航空機市場

写真2-2　2018年7月の「EAA AirVenture Oshkosh」にPipistrel Aircraftが出展した「Alpha Electro」(上)、「Taurus Electro」(下)（撮影：日経 xTECH）

　例えば、スロベニアPipistrel Aircraftはフル電動型の2人乗りの機体「Alpha Electro」を開発（写真2-2上）。同社によれば、同機によってパイロットのトレーニングコストを、内燃機関利用の従来機に比べて最大70％削減できるという。Alpha Electroは、既に米国試験材料協会（ASTM）のLSA（Light Sport Aircraft）カテゴリーの安全基準を満たすとする。

Pipistrel Aircraftにはほかにも、2人乗りの「Taurus Electro」といった小型の電動固定翼機（写真2-2下）や、uberAIR向けに開発中のeVTOL機などがある。Pipistrel Aircraftは、2018年7月の「EAA AirVenture Oshkosh」にAlpha ElectroやTaurus Electroを出展した。同社ブースには価格表があり、Alpha Electroは13万8500米ドル（約1500万円）、Taurus Electroは13万5000米ドル（約1485万円）だった。これに対して、電動化されていない「Alpha Trainer」は9万1500米ドル（約1000万円）、「Taurus」は11万5000米ドル（約1265万円）だった。電動化による機体価格の上昇分を、燃費の向上分やメンテナンス費用の低減分などで補えるかどうかが、普及のカギを握りそうだ。

2-1-4　推進効率向上で大幅燃費改善する大型機

CO_2削減に不可欠

　このように、電動化によって新市場の創出や既存市場の拡大を狙っているのが小型機や中型機だとすれば、100人以上が乗るような大型機（旅客機）では燃費や機体の管理コストの削減に加えて、環境負荷低減の目標をクリアするために、航空機の装備品や推進系の電動化が今後進んでいく。

　旅客需要の増加によって、航空機の数は今後20年間でおよそ2倍以上になると予測されている。それにもかかわらず、航空機業界、例えば国際民間航空に関する規則などを作成する国際連合内の組織「ICAO（国際民間航空機関）」は「2005年比で2050年のCO_2排出量を半減」という目標を掲げている。この目標の達成には、「電動化は不可欠」というのが、航空機業界の一致した見方である。それだけに、航空機業界全体が電動化にまい進している。

第2章　電動化が変える航空機市場

　これまで進めてきた航空機の装備品の電動化に加えて、推進系の電動化も視野に入れている。これまで大型機では、主にターボファンエンジンのファン径を拡大することで、エネルギー消費量を削減してきた。だが、それも限界に近づきつつある。そこで、バイオ燃料などの導入に加えて、推進系の電動化で大幅なCO_2の削減を図る（図表2-2）[注]。

注　根津、「電動化で始まる空の革命」、『日経エレクトロニクス 2018年5月号』

ハイブリッド推進で10％以上の燃費改善

　大型機では、小型機のようなフル電動型ではなく、まずはハイブリッド型で推進系の電動化を進めるのが前提になっている。具体的には、ガスタービンで発電機を回転させ、その電力でモーターを駆動する「シリーズハイブリッド」が主流である。発電機を用いるのは、2次電池だけでモーターを駆動し、推進力を得るにはあまりに電池が重くなりすぎるからである。

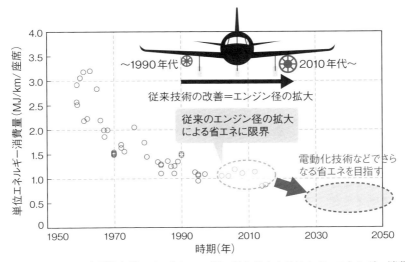

図表2-2　これまで大型旅客機では、主にエンジン径を拡大することで、エネルギー消費量を削減してきた。だが、それも限界に近づきつつある。そこで、電動化技術などでさらなる省エネを目指す動きが活発である。（出所：JAXAの資料を基に日経エレクトロニクスが作成）

ハイブリッドとはいえ、その燃費改善効果は大きい。例えば大型旅客機の場合、およそ10〜20％の燃費改善を見込めるという。仮に、大型旅客機のターボジェットエンジンを「大幅に手を加えたとしても、成熟した技術なので１％未満の改善にとどまる」（同エンジンの技術者）。それに比べると、ハイブリッド型推進系による改善は「劇的な効果」（同技術者）である。

　ハイブリッド化によってエネルギー消費量が減るのは、推進効率が高まるからである。発電機の利用で推進系の熱効率は低下するものの、推進効率の向上分が熱効率の低下分を上回る。そもそも、大型旅客機の飛行に使うターボファンエンジンは、自動車のエンジンに比べて効率が高い。そのため、自動車のように単にモーターに置き換えただけでは、燃費は向上しにくい。

　ハイブリッド化によって推進効率が高まる理由は大きく２つある。１

Airbusの「E-Thrust」　　　　　　　　「E-Thrust」のファンの概要

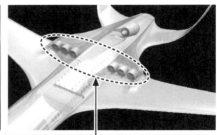

- ファンを多発分散化することで、ファンの総面積を増やして推進効率を高める
- 「境界層吸い込み」によって空力抵抗を削減して推進効率を高める

図表2-3　電動推進系を導入することで、複数のファンを機体に配置する「多発分散化」により、ファンの総面積を増やして、推進効率を高められる。1つ当たりのファンの大きさは小さくなるので、配置の自由度が高まる。胴体翼の上面に配置すれば、同面で発生する境界層を吸い込めるため、空力抵抗が小さくなって推進効率が高まる。その結果、エネルギー消費量が減る。多発分散ファンを実装したコンセプト機として、例えばAirbusの「E-Thrust」がある（出所：Airbus）

第2章　電動化が変える航空機市場

つは、モーターによるファン駆動によって、複数のファンを機体に配置する「多発分散化」を導入できること。1つ当たりのファンの大きさは小さくなるものの、ファンの総面積は増えるので推進効率が高まる。

もう1つは、胴体翼の上面で発生する「境界層」と呼ばれる、空力抵抗増加につながる現象を抑えられることである。多発分散化したファンを胴体翼の上面に配置し、境界層を吸い込むことで空力抵抗を小さくして、推進効率を高める（図表2-3）。

多発分散化などによって、ファンの配置の自由度が高まるので、航空機の形態を変更しやすくなる。これにより、空力性能を高めやすくなる。例えば、現行の旅客機は、主翼部と胴体部が別の「チューブ・アンド・ウイング」と呼ばれる形態だが、翼と胴体を一体的に設計することで空気抵抗を減らせる「BWB（Blended Wing Body）」と呼ぶ形態を採りやす

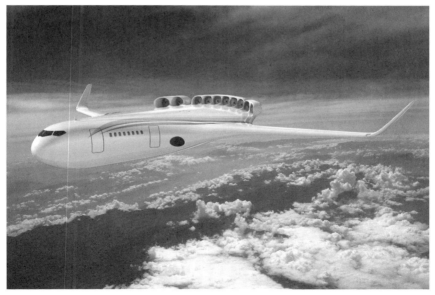

図表2-4　BWBの例。JAXAのエミッションフリーの機体イメージ（出所：JAXA）

くなる（図表2-4）。

MW級のパワエレ技術が必須

　利点が多い大型機の推進系の電動化だが、小型機に比べて技術面の
ハードルは高い。例えば、数十kW〜数百kW級の出力である小型機に比
べて、大型旅客機ではMW級の出力が必須。現状、航空機向けモーター
で大きなものは出力250k〜500kWほど。これを2〜4倍以上にする必要
がある。

　単に出力を高めるだけでなく、航空機では軽量化が自動車以上に強く
求められる。そのため、モーターやインバーターの重さ当たりの出力（出
力密度）を高める研究開発が盛んだ。2次電池の容量密度（重さ当たりの
容量）の向上も求められる。こうした技術課題を克服し、2030年代以降、
ハイブリッド型の電動推進系を備えた中〜大型の旅客機を実用化するの
が、航空機業界の目標になっている。

第3章
破壊的イノベーションに備える航空大手

3-1
数百億円を投じて全方位で電動化を進める Airbus

　ここまで紹介したように、空飛ぶクルマや航空機の電動化を舞台に、新興企業や自動車業界の企業が航空機業界に攻め入っている。それを迎え撃つのは、航空機メーカーや航空機用装備品メーカーなどである。中でも、小型機から大型機まで、さまざまなタイプの機体で電動化を進めるのがフランスAirbus（エアバス）グループである。グループ企業だけでなく、外部企業と協力しながら電動化を推進している。

写真3-1　2018年11月開催の「Electric & Hybrid Aerospace Technology Symposium 2018」で講演するAirbusのLlewellyn氏（撮影：日経 xTECH）

　日経 xTECH/日経エレクトロニクスの2018年3月の取材に対し、電動航空機の研究開発プロジェクトに「数億ユーロ（数百億円）」（同社General Manager, Electrification CTOのGlenn Llewellyn氏　写真3-1）という多額の資金を投じると明らかにした(注)。例えば、eVTOL機に関しては、大きく3つの研究開発プロジェクトがある。「CityAirbus」「Vahana」「Pop.Up」だ。これらのプロジェクトの成果を生かし、自律飛行可能な

eVTOL機という「理想の空飛ぶクルマ」の実現を目指している。

注　根津、「電動化で始まる空の革命」、『日経エレクトロニクス 2018 年 5 月号』

3-1-1　eVTOLプロジェクト 1 「CityAirbus」

　3つの研究開発プロジェクトのうち、2019年の飛行試験、2023年の商用フライト開始といった具体的な目標を掲げているのが「CityAirbus」である。フランスAirbus Helicopters（エアバス ヘリコプターズ）が中心となって研究開発を進めている。

　CityAirbusは4人乗りの機体で、クアッドコプター型のドローンを大きくしたような形状を採る（図表3-1）。2次電池の電力だけでモーターを駆動し、回転翼（ローター）を回して飛行するフル電動型だ。上下に配置したローターを1組とし、それを4組、計8基のローターを備える。1つのモーターで1つのローターを回す。モーター1つに対してインバーター1つを要するので、ローターとモーター、インバーターはいずれも8つになる。

図表3-1　「CityAirbus」のイメージ（出所：Airbus）

モーターやモーターを駆動するインバーター、そして「EPDC（Electric Power Distribution Center）」と呼ぶ、電動推進系における電力のやり取りを制御するユニットを備える。それらの開発・製造はドイツSiemens（シーメンス）が担当する。こうした電動推進系に利用する電圧（DCバス電圧）は800Vである。

モーターは、最大連続出力が204kWの「SP200D」。運航時は100kWで動かす予定。モーターは 8 個あるので、800kWで飛行するもよう。CityAirbusの重さは2.2トンである。

モーターの回転数を1300rpmと低く抑えて、トルクを1500N・mと高めている。トルクが大きいので、減速機を介さずに直接ローターを回す。重さは49kgで、重さ当たりの出力密度は約4.13kW/kg、トルク密度は約30N・m/kg。このうち、特にトルク密度が大きいという。油冷式である。出力140kWの 2 次電池を 4 つ搭載し、合計で容量は110kWhになる。

Siemensによれば、モーターやインバーター、ファンをそれぞれ 8 つ、2 つのEPDC、4 つの 2 次電池などを利用した、実機への搭載を想定した電動推進系を構築。地上での試験を2018年10月に実施したという。

3-1-2　eVTOLプロジェクト 2 「Vahana」

「Vahana（ヴァーハナ、ヴァハナ）」は、完全自律飛行や垂直離着陸を可能にする「チルト型」の翼、「フル電動」型の推進系などの技術を検証するための機体である。ヴァーハナとは、サンスクリット語でヒンズー教における神々の乗りものを指す。

Vahanaの研究開発は、米国シリコンバレーを中心とした研究開発組

116　空飛ぶクルマ　電動航空機がもたらすMaaS革命

織「A^3(エーキューブ)」で進められている。2018年初頭には、実機と同サイズ(1/1サイズ)の1人乗りの試作初代機「Alpha One」の飛行に成功した(図表3-2)。

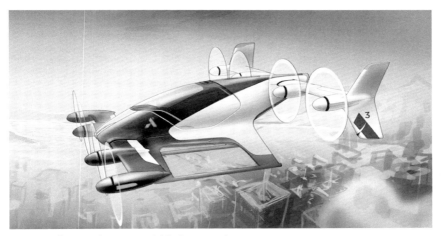

図表3-2 「Vahana」のイメージ(出所:Airbus)

完全自律飛行を目指す

競合のeVTOL機との違いを、研究開発を主導する立場にあるVahana Project ExecutiveのZach Lovering氏は、「自律飛行に重きを置いていること。そして、単なるパフォーマンスのためでなく、初めから(実用化に必要な)認証(型式証明)を得やすい機体を想定して開発を進めていることが、競合との大きな差だ」と語る[注]。eVTOL機は新しいカテゴリーの航空機になるので、米国であればFAA(米連邦航空局)、欧州であればEASA(欧州航空安全機関)といった機関で今、認証基準や安全基準の作成を急ピッチで進めている。そのため、同氏の発言は、将来決まるであろう認証基準を念頭に、Vahanaプロジェクトを進めている、という意味だとみられる。

注 根津、「エアバスが開発する『神々の乗り物』、フル電動化と自律飛行に焦点」、『日経 xTECH』

Vahanaで特に重きを置くのが、自律飛行の実現である。Vahanaは自律飛行時の危険検出・回避に向けて、センサーを搭載する。試作初代機Alpha Oneでは、巡行時用に、カメラとレーダーを搭載。離着陸時用にはライダー（LiDAR：Light Detection and Ranging）を備える。

　こうしたセンサーは、自動車用途と種類は同じものの、「若干の違いがある」（Zach Lovering氏）。例えば、測定範囲が広い。eVTOL機の場合、時速200k〜300kmと自動車よりも常に高速で飛行する分、危険回避までの時間が短いため、1k〜2km先の危険を察知できるようにする必要がある。

　一方で、離着陸時における地上での危険検出範囲は、「それほど広くなくてよいので、自動車向けLiDARを流用できるだろう」（同氏）とみる。ただし、製品化する際は、「LiDAR以外のセンサーも利用する『センサーフュージョン』で安全性を高める」（同氏）考えだ。このほか、GPSも利用して、自律飛行を実用化するという。

　Lovering氏によれば、そもそも自律飛行の方が、自動車の（完全）自動運転よりも容易だという。その理由を、「空は、地上に比べて、危険物の『密度』が低いからだ。自動車の場合、数百メートルの範囲内に数十から数百の危険がある。さらに、標識や街灯、ほかのクルマのランプなど、処理する情報量も多い。一方で、空は危険物の密度は薄く、処理する情報量も少ない。1平方km当たり、数十しか危険物は存在しない。着陸地点に近づくにつれて、危険物の密度は高まるが、それでも自動車が走行する地上に比べてはるかに少ない。実際、以前から（旅客機などでは）巡航時の自動運転を実現している」（同氏）と語る。

チル ト型の利点とは

　フライトに成功したVahanaの試作初代機Alpha Oneは、1人乗りを想定した小型機で、前後に1枚、合計2枚の小型の固定翼を備える。横から見ると、前の固定翼が下側に、後ろの固定翼は上側に配置されているため、「タンデム型」(Lovering氏)と呼ぶ。固定翼はそれぞれ、4つの回転翼(ローター)を備える。各ローターはモーターで回す(写真3-2)。

写真3-2　フライトに成功したVahanaの試作初代機Alpha One(写真:Airbus)

　固定翼部分を回転(チルト)させることで、垂直離着陸を可能にし、巡航時は大きな推進力を得やすくする。例えば離陸時には、地面に対してローター部を水平(ローターの回転軸を垂直)になるようにし、地面に向けて風を吹き付けて浮上する。浮上後、ローター部が地面に対して傾くように固定翼部分を回転させて、水平方向の推進力を得て、目的地まで飛行する。

　さらに、チルトしない固定型に比べてチルト型は、「速度に応じて、翼の角度を調整できるので、空気力学的にシンプルにできる」(Lovering

氏)という。一方で、課題もある。例えば、「チルト型は構造が複雑で、アクチュエーター部分のマネジメントが難しい」(同氏)。初代機ではこうした課題の検証も行った。

モーターや2次電池は航空機用

　初代機のモーターには、米MAGicALLの製品を採用した(写真3-3)。同社の製品は重さ当たりの出力密度が大きく、軽さが強く求められる航空機用途に向く。例えば、ピーク出力75kWで、連続出力60kWのモーターは、制御用のインバーターを一体にしながら、重さは約11kgと軽い。出力密度に換算すると、連続出力時で約5.5kW/kgと大きい。この出力密度を空冷で達成した点も特徴である。モーターに空冷用のフィンが付いており、そのフィンなどの外装を含めてモーターの直径は11インチ(約28cm)と小さい。トルクは最大130N・mである。

写真3-3　MAGicALLのモーター。2018年5月の「2018 Elevate Summit」の展示品を撮影したもの(撮影：日経 xTECH)

　2次電池パックは、Airbus Defence and Space製。同パックに搭載するLiイオン2次電池のセルは「18650」タイプを採用した。18650タイプは、Liイオン2次電池として一般的な製品である。

新たな試験機の飛行動画を公開

　2019年2月には、Vahanaプロジェクトの近況を公式ブログで発表した。この時点で、計5回、延べ50時間の飛行試験を実施したという。Vahanaは現在、一回の飛行時間で7分、最高速度で50ノット（時速約92.6km）超を達成したとする。

　加えて、公式ブログに、新たな試験機「Alpha Two」が飛行する様子を収めた動画を公開した（写真3-4）。垂直に離陸した後、ローターが付いた固定翼部分をチルトさせて50ノットまで加速。ある程度前方に進んでから空中でいったん止まり、その後、向きを180度回転させて反転。再び50ノットまで加速して進み、しばらくしてから減速してホバリングし、最後に垂直に着陸した。

　Vahanaプロジェクトの実用化に関しては、2020年代中盤ごろとみている。「現状の小型航空機でも、認証を得るのに3年から3年半くらいかかる。eVTOL機のような新しい機体は、認証を得て、製品が出るまで少なくとも5年はかかるだろう」（Lovering氏）。

写真3-4　試験機「Alpha Two」（写真：Airbus）

3-1-3　eVTOLプロジェクト3「Pop.Up」

　CityAirbusやVahanaが飛行だけを想定した「航空機」に対して、地上走行も考慮したのが「Pop.Up」シリーズである。カプセル型の２人乗りキャビン「パッセンジャーカプセル」を、地上を走行する場合は「グラウンド（地上）モジュール」に、空中を移動する場合はクアッドコプター型の「フライト（飛行）モジュール」に合体させる。地上走行時は完全自動運転のEVに、飛行時はeVTOL機になる。

　こうしたコンセプトを2017年３月の「ジュネーブモーターショー」に発表し、翌2018年３月のジュネーブモーターショーで最新モデル「Pop.Up Next」を出展した（写真3-5）。ドイツVolkswagen（フォルクスワーゲン）グループのAudi（アウディ）や同グループのイタリアのデザイン企業Italdesign Giugiaroと共同で開発した。

　Pop.Up Nextでは、先代モデルに比べて大幅に軽くしたうえ、インテリアのデザインを変更した。インテリアの特徴は、49型の大型ディスプレーを搭載したこと。HMI（Human Machine Interface）には、音声認識技術や顔認識技術、視線追跡（アイトラッキング）の操作技術、タッチセンシング技術を活用しているという。

　2018年11月開催のドローン関係のイベント「Amsterdam Drone Week」では、Audiが1/4サイズの同機スケールモデルを利用して、飛行と走行の公開試験も実施した[注]。

注　根津、「アウディやエアバスの「空飛ぶEV」が実現へ前進、キー技術を実証」、『日経 xTECH』

　この試験では、パッセンジャーカプセルを搭載したフライトモジュールが、地上のグラウンドモジュール上に正確に着地。このとき、パッセ

第３章　破壊的イノベーションに備える航空大手

写真3-5　2018年3月のジュネーブモーターショーで展示した「Pop.Up Next」。パッセンジャーカプセルをグラウンドモジュールに合体させた状態（上。写真上方にあるのがフライトモジュール）。下の写真はPop.Up Nextの運転席の様子（撮影：日経 xTECH）

ンジャーカプセルをグラウンドモジュールに連結して、自動運転によってテスト会場から走り去ったという。すなわち、Pop.Upシリーズの実現に不可欠な着脱システムの検証に成功したことになる。

なお、エアバスはPop.Upシリーズの実用化時期を明言していないが、Audiによれば、同シリーズのような機体を今後10年以内に実用化できるとみている。

3-1-4　Airbusのその他のプロジェクト

オペレーションセンターも計画

Airbusは機体開発の他に、自律飛行できるeVTOL機に向けた運航管理システムの開発にも取り組んでいる。例えばVahanaプロジェクトでは、地上に設けるオペレーションセンターの研究開発を進めている。現在の音声通話による航空管制と、Vahanaのような無人で自律飛行する航空機を仲介するのが目的である。

すなわち、パイロットの代わりに、地上のオペレーターが管制官と音声でやり取りする。例えば、天候は大丈夫か、ルートを外れていないかなどをチェックする。「Alexa」や「Siri」といった音声認識・対話機能基盤の性能は、「飛躍的に向上しているものの、安全性を重視する航空管制で利用する水準にはまだ達していない」（Lovering氏）ためである。

加えて、オペレーションセンターはカスタマーサポートセンターの役割も担う。搭乗者に何かあれば、オペレーターが搭乗者と会話して、状況把握や問題解決を図る。

オペレーターを運営するのが、Airbusになるのか、他の企業になるの

かは検討中。例えば、Airbusが自ら運航管理に乗り出す場合は、同グループが運営しているオンデマンドヘリコプターサービス「Voom」のような形態になるという。実際、Voomと「既に多くの共同作業を行っており、不可欠なパートナー」(Lovering氏)とする。

Airbus以外が運航管理する場合は、オペレーションセンターを活用した自律飛行可能な航空機の運航管理システムをパッケージ化し、各国・各地域のオペレーターに販売する形態を考えている。

充電インフラでの協業を検討

「エアタクシーを実現するための方法はさまざま。それだけに、他社との協業は不可欠」(Lovering氏)とし、運航管理以外でもAirbusグループ以外の協業を模索する。例えば、充電インフラである。充電技術を手掛ける企業だけでなく、街に充電インフラを配置するには、「公共団体・行政側との協議も必要」(同氏)である。

充電には、急速充電と電池交換の2つの方式がある。初代機では交換式を採用した。それは、「試験機を早期に実現し、すぐに飛行試験を始めたかったから」(Lovering氏)だとする。ただし、「急速充電による2次電池劣化を解決するよい手段があれば、急速充電の方がよいと思う。現状でも手段はあるが、コストが高すぎる。急速充電を採用するには、しばらく時間がかかると思う」(同氏)と語る。

ハイブリッド型の大型機も開発

こうしたeVTOL機に加えて、Airbusは「E-Thrust」のようなハイブリッド型の大型旅客機の実現に向けて、研究開発を進めている。まずはフル電動の小型実証機「E-Fan」シリーズを試作。ドイツSiemens(シーメンス)の出力32kWのモーター2つで飛行した。2014年に初代機

写真3-6　「E-Fan」のモックアップ(撮影：日経 xTECH)

「E-Fan 1.0」、2016年に「E-Fan 1.1」と「E-Fan 1.2」の初飛行に成功している(写真3-6)。

さらに高出力化した中型の実証機「E-Fan X」をSiemensと英Rolls-Royce Holdings(ロールス・ロイス ホールディングス)の協力を仰いで開発中である。2020年の初飛行を目指す(図表3-3)。

E-Fan Xでは、100人前後が搭乗できる既存のリージョナルジェット「BAe 146」を基に、4基のターボファンエンジンのうち、1基を出力2MWのモーターに置き換える。モーターはSiemens製で、Rolls-Royceのファンモジュールに取り付ける。モーターの電力源として、2MWの発電機と2MWの「エネルギーストレージ(蓄電装置)」を備える。発電機は、Rolls-Royce製のエンジン(ガスタービン)「AE2100」で駆動する。蓄電装置は2次電池のようだ。

E-Fan Xの電動推進系のDCバス電圧は3kV。モーターの駆動電圧も3kVだという。数人乗りの電動航空機の場合、DCバス電圧は一般に、500

第3章　破壊的イノベーションに備える航空大手

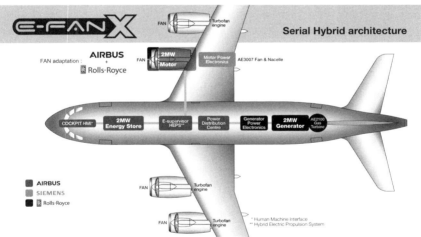

Veröffentlichung nur unter Nennung des Copyrights
Any publication must include a copyright notice

Copyright: Airbus

図表3-3　上はE-Fan Xのイメージ。下はE-Fan Xの概要。既存のリージョナルジェット「BAe 146」を基に、その4つのファンのうち、1つを出力2MWのモーターで回転させる。2MW級の発電機を利用するハイブリッド型である。モーターやインバーターなどをSiemensが、発電機などをRolls-Royceが開発する（出所：Airbus）

127

〜800Vと電動車両と同程度である。3kVは電動航空機のDCバス電圧として高い[注]。

注　根津、「墜落事故を越えて、電動航空機技術の開発に邁進するシーメンス」、『日経 xTECH』

　Airbusは電動航空機分野で、Siemensと関係を深めている。2016年4月には、ハイブリッド型電動推進系に関して、長期にわたる共同研究開発にSiemensと合意した。その目玉の1つが、前出のE-Fan Xプロジェクトである。その後、ドイツ・ミュンヘン南部のOttobrunnにあるAirbusの拠点に、共同で電動航空機向けの研究施設「E-Aircraft Systems House」を建設した。その施設稼働前から、両社合わせておよそ100人がAirbusの同拠点で研究開発を始めている。

第3章　破壊的イノベーションに備える航空大手

3-2

Boeingが自律型eVTOLを試験飛行、日本との協力体制を強化

　航空機の電動化に積極的なライバルであるフランスのAirbusグループに対し、一見するとやや消極的に見えた米Boeing。そんな同社がこれまで公にしてこなかった電動化に向けた活動の一端を、表に出してきている。2019年1月、電動航空機の新たな研究開発成果や、電動化に向けたパートナーシップについて相次いで発表したのだ。

3-2-1　人を運ぶ自律飛行可能なeVTOL機「PAV」

　Boeingは、eVTOL機を手掛ける、傘下の米Aurora Flight Sciencesとともに開発した自律飛行可能なeVTOL機「PAV（Passenger Air Vehicle）」の試作機を開発。同機の試験飛行に成功したことを2019年1月に明らかにした[注]（写真3-7）。

注　根津、「航空機の電動化を進めるボーイング、自律型 eVTOL を試験飛行、日本との協力体制強化」、『日経 xTECH』

　Auroraは、米Uber Technologies（ウーバーテクノロジーズ）が2023年の開始を目標にしている空のライドシェア「uberAIR」において、その機体になるeVTOL機開発のパートナー企業。2017年にBoeingが買収した。

129

写真3-7　上はPAVの試作機。コックピットに人影が見えるが、人形のようだ。下は飛行中のPAVの試作機（出所：Boeing）

第3章　破壊的イノベーションに備える航空大手

今回の試験飛行では、回転翼（ローター）で垂直に離陸し、ホバー（空中で静止）した後に着陸するにとどめた。

今後は、垂直離陸後に、機体後部に設置したローターや固定翼も使いながら前進する試験を実施する予定。中でも、垂直浮上後に前進するモードへの移行は、技術的なハードルが高いという。つまり、このハードルをクリアできるかどうかが、実用化のカギを握る。

試作機は、搭載した2次電池の電力だけで、ローターを回すモーターを駆動する「フル電動型」だとみられる。最大50マイル（約80.47km）の距離を自律飛行できるように設計した。機体の長さは30フィート（約9.14m）、幅は28フィート（8.53m）である。

さらに、Boeingは、小型の電動航空機の開発を促す活動も行っている。同社は「GoFly Prize」主催の国際コンテスト「GoFly」のグランドスポンサーを務めている。同コンテストは、安全に利用できる個人用航空機の開発を競うもので、2019年秋のレースまでの約2年間にわたって開催される。その賞金総額は200万米ドルである[注]。

注　根津、「3分でわかる 空飛ぶクルマ（後編）」、『日経 xTECH』

3-2-2　荷物を運ぶ自律型ドローン「CAV」

Boeingは人を運ぶ電動航空機のほか、荷物を運ぶ自律型の電動航空機（ドローン）の開発にも力を入れている。同社は「CAV（Cargo Air Vehicle）」と呼ぶ。

同社によれば、世界全体の物品の輸送量に占める航空輸送の比率はわずか1％にとどまる。金額ベースでみると、全体の約33％を航空輸送が

131

占めるものの、まだまだ伸びしろがあるとみている。

そこでBoeingは、CAVの開発に取り組んでいる。目標は、最大500ポンド（約226.8kg）の荷物を30km前後運べるようにすること。フル電動のため、2次電池がキーパーツとなることから、2次電池ユニットはBoeingが開発しているという。2018年にCAVの屋内での試験飛行に成功。2019年内に屋外での試験飛行を実施する予定だ。

3-2-3　日本とタッグ

加えて、Boeingは、電動化など航空機の次世代技術の分野で、日本企業との協力体制を強化していく。同社は、次世代航空機の競争力向上に向けて、電動化技術や複合材製造技術などの新たな技術分野において協力体制を強化することで、経済産業省と合意した。

具体的には、Boeing CTOのGreg Hyslop氏と経済産業副大臣の磯﨑仁彦氏が2019年1月15日に、「日本国経済産業省とボーイング社との間の航空機の技術協力に係る合意書」に署名した。経産省は、日本の航空機産業の発展に向けた合意と位置付ける。

この合意に基づき、経産省は、電動化技術や複合材製造技術などの技術分野でパートナーになる得る日本企業をボーイングに紹介したり、日本企業を支援したりする。ボーイング側は、日本側に対して、航空輸送に関する戦略や将来ビジョンを提供する他、新技術の実用化に向けて努力するという。

自律飛行に必要な、AI（人工知能）技術の開発にも取り組む。例えば、AI技術を手掛ける米SparkCognitionと設立したジョイントベンチャー

第3章　破壊的イノベーションに備える航空大手

米SkyGridである。同社では、航空分野向けAI技術の他、ブロックチェーンやデータ分析などについて、研究開発に取り組むという[注]。

注　根津、「「航空分野にAIは不可欠」「エアタクシーに期待」ボーイングが講演」、『日経 xTECH』

3-3

大手ヘリメーカーも参戦

　AirbusやBoeingといった大手旅客機メーカーだけでなく、ヘリコプターの大手メーカーも空飛ぶクルマ市場に参戦している。

3-3-1　電動のeVTOL機「Bell Nexus」

　中でも精力的に活動しているのが、米Bell Helicopter（ベルヘリコプター）である。同社が手掛けるのは、チルト型のローターを備えたeVTOL機である。チルト型eVTOL機は競合企業も開発中だが、Bellは「V-22 Osprey（オスプレイ）」や「V-280 Valor（バロー）」といったチルト型の軍用機を実用化した実績がある。チルト型のeVTOL機を手掛ける企業の中でも、頭一つ抜けた存在と言える。

　そんなBellは、2019年1月の「CES 2019」開催前のプレスカンファレンスで、電動の垂直離着陸（eVTOL）機「Bell Nexus」を発表。CESの展示ブースでは試作機の実機を展示し、来場者の度肝を抜いた（写真3-8）。同社がeVTOL機を開発していることは知られていたが、コクピットなど一部しか見せておらず、回転翼（ローター）などを含めたフォームファクター（形状）全体を披露したのは今回が初めてである。今回のCESでその全貌を明らかにしたとあって、その姿を一目見ようと多くの来場者が詰めかけ、搭乗部に乗ったり、写真を撮影したりしていた。

　Bell Nexusは、直径8フィート（約2.44m）の回転翼（ローター）を6つ

第3章　破壊的イノベーションに備える航空大手

備える。ガスタービンで発電機を回して得た電力を使ってモーターを駆動し、ローターを回転させる「ハイブリッド型」のeVTOL機だ。eVTOL機には、2次電池の電力だけでモーターを駆動させる「フル電動型」もある。だが、現状の2次電池の重さ当たりの容量（エネルギー）密度が足りないとの判断から、まずハイブリッド型を選択した。将来、2次電池

写真3-8　2019年1月のCESで見せた「Bell Nexus」。下はローター部（撮影：日経 xTECH）

の容量密度が増えた場合は、フル電動型に移行する考えだ。

　ハイブリッド型の場合、機械エネルギーを一度電気エネルギーに変換する分、損失が出る。だが、モーターでローターを回転させる電動推進系を導入すると、機体の設計自由度が高まり、その分、航空機としての推進効率を高めることができる。つまり、ハイブリッド化による熱効率の低下分を、推進効率の上昇分が上回れば、全体として燃費が改善する。

　Bell Nexusの場合は、「チルト型」のローターを採用し、推進効率を高めて、燃費向上を図ったという。チルト型は、離陸時には、地面に対してローターが水平（ローターの回転軸を垂直）になるようにし、地面に向けて風を吹き付けて浮上する。浮上後、ローター部が地面に対して傾くように回転させて、水平方向の推進力を得て、目的地まで飛行（巡航）する。これにより、垂直離着陸を可能にし、巡航時は大きな推力を得やすくする。

　ローター（プロペラ）の推進効率が高まるのは、巡航時の形態が一般の固定翼機のようになるためで、プロペラを推進効率が良い状態で利用できる。

５社と協業、電動推進系は600kW

　Bellは、５社と協業しながらBell Nexusを開発する。航空機業界の「ティア１」であるフランスSafran（サフラン）グループや電池パックなどを手掛ける米Electric Power Systems（EPS）、フライト・コントロール・システムなどを手掛けるフランスThales（タレス）、航空機向けアクチュエーターなどを手掛ける米Moog（ムーグ）、航空機用ナビシステムなどを手掛ける米Garmin International（ガーミン インターナショナル）である。

　Safranはターボジェネレーター（ターボエンジン＋発電機）などのハ

第3章　破壊的イノベーションに備える航空大手

イブリッド推進系とその駆動システムを、EPSはエネルギー（電力）貯蔵システムを、Thalesはフライト・コントローラー・コンピューターを提供する。Moogはフライト・コントロール・アクチュエーターを開発する。Garminはアビオニクス（航空機に搭載する電子機器）を自律飛行向けのビークル・マネジメント・コンピューターに統合する役目を担う。

　Bellはこの5社の担当者が集うトークイベントをCES 2019の自社ブースで行った（写真3-9）。そこに登壇したSafran VTOL&STOL Hybrid Propulsion System, VP ProgramのJean-Baptiste Jarin氏によれば、Bell Nexusの電動推進系の出力は600kWほどだという。2次電池の容量は45kWhである。

　離陸時は、ターボジェネレーターと2次電池の2つの電力を利用する。離陸時に必要な電力を100とすると、このうちターボジェネレーターが90を、2次電池が10を占めるという。巡航時は、基本的にターボジェ

写真3-9　Bell Nexusの開発で協業する5社の担当者が登壇したトークイベントの様子。左から3番目にいる男性がSafranのJarin氏（撮影：日経 xTECH）

137

ネレーターの電力だけを利用する。巡航中、ターボジェネレーターで直接２次電池を充電する。ただし、時には２次電池の電力だけで巡航する場合もあるという。

　Bell Nexusは、パイロットを含めて５人乗り。将来は自律飛行も視野に入れている。最高時速は150マイル（約241km）で、航続距離は150マイル（約241km）である。

　このほかの詳細な仕様については、開発中ということで明かさなかった。Bellは、配車大手の米Uber Technologiesが実現に向けて準備を進めているeVTOL機を利用した空のライドシェア「uberAIR」におけるパートナー企業の１社である。UberはeVTOL機の開発メーカーに対して、さまざまな要求を出しており、Bell Nexusはその要求仕様を「上回るようにする」（Thacker氏）と意気込んだ。

3-3-2　「空飛ぶ配送車」開発

　Bellは、人を運ぶ空飛ぶクルマとは別に、数kgから100kgを超えるような荷物を運ぶ「空飛ぶ配送車」を手掛けている[注]。それが、宅配便大手であるヤマトホールディングス（YHD）と開発中の自律飛行型のeVTOL機「APT（Autonomous Pod Transport）」である。APTは、時速100マイル（約160km）以上で飛行できるという。小型機の最大積載量は15ポンド（約７kg）で、大型機は同1000ポンド（約453kg）だとする。

注　根津、「空の宅配便の試作機、ヤマトと米ヘリ大手が披露」、『日経 xTECH』

　機体の特徴は、「ポッド」と呼ぶ輸送用容器を備えること。機体の設計・開発・製造を担うのはBellだが、ポッド部分に関しては、YHDが開発する。物流業務におけるノウハウを生かすという。例えば、ポッドを、ある

いはポッド内の荷物をスムーズに配送車に移せるような仕組みの実現を図る。現在は、さまざまな配送シナリオや利用シーンを想定しつつ、種々のポッドを検討・開発中だとする。

CES 2019では、Bellブースで開催されたイベントにYHD 常務執行役員の牧浦真司氏が登壇（写真3-10）。イベントでは、同氏とBell Vice President of InnovationのScott Drennan氏が対談。その中で、APTを活用した次世代の配送システムの構想を紹介した。

陸路によるこれまでの配送に加えて、将来は「ロボネコ」のような自動運転可能な無人の配送車や、APTのような空路など、多種多様な手段で配達の効率を高めることを狙う。例えば、配達先のそばにあるハブポートまでAPTで荷物を送り、その後陸路で目的地まで荷物を届ける。

牧浦氏によれば、APTによる配送を2025年までに始めることを目標にしているという。この試金石として、2019年8月ごろまでに、可搬量（ペイロード）が約35kg（約70ポンド）の試作機による飛行試験を予定している。既に、可搬量が約10kg（約20ポンド）の試作機による飛行試験には成功している。Bellのブースには、この模様を映した動画を見せていたほ

写真3-10　Bellブースで開催されたイベントに登壇した牧浦真司氏（撮影：日経xTECH）

か、可搬量70ポンドと20ポンドの試作機を展示していた（写真3-11）。

写真3-11　BellがCES 2019で展示した可搬量70ポンドのAPTの試作機（上）と可搬量20ポンドのAPTの試作機（下）（撮影：日経 xTECH）

3-4

破壊的イノベーションに備える
航空機エンジン大手

　eVTOL機をはじめとした電動航空機によって生じる航空機業界の破壊的イノベーション。その影響を受けるのは、AirbusやBoeingといった完成機メーカーだけではない。ティア１以下の部品メーカーにも大きな影響がある。中でも、電動推進系の性能が向上して航空機で普及すれば、現在の推進系の中核を担うジェットエンジンメーカーにとって、既存のビジネスを奪われかねない。

3-4-1　2020年の「パーソナル　　　　　　　エアモビリティー」実用を予測

　実際、ジェットエンジンメーカーは電動航空機の将来をどのように見据え、どのような取り組みをしているのか。2018年11月8～9日にドイツ・ケルンで開催された電動航空機のイベント「Electric & Hybrid Aerospace Technology Symposium 2018」に登壇した、英Rolls-Royce Holdings（ロールス・ロイス ホールディングス）でDirector of Rolls-Royce Electricalを務めるRob Watson氏の講演から紹介したい（写真3-12）。同社は、米General Electric（GE、ゼネラルエレクトリック）やカナダPratt & Whitney Canada（PWC）と並ぶ、3大ジェットエンジンメーカーの1つである。

写真3-12　Rolls-Royce HoldingsのWatson氏（撮影：日経 xTECH）

出力や出力密度を高めて大型機まで電動化

　この講演で、Watson氏はまず電動航空機の将来予測を披露した。2020〜2022年に実用化されると予測するのは、短距離移動に向けた5座席未満の「パーソナルエアモビリティー」である。回転翼を備えたeVTOL機や固定翼を備えた小型機を想定している。2020年代前半から中盤にかけて、中距離移動に向けた50座席未満の小型リージョナル機や都市内の移動などに向けた小型機で電動化が始まるとみる。2022〜2027年には、50〜100座席の大型リージョナル機なども実用化され、数百kW級の電動推進系が搭載されるとみている。

　2020年代後半から2030年代にかけては、大陸間を移動するような、220座席を超える「ワイドボディ（太胴）」の大型旅客機でも、電動化技術が本格的に採用されると予測。始めは装備品が中心だが、いずれ推進系にも電動化技術が導入されるとみている。

　ワイドボディ型よりも小さい、150〜180座席の「ナローボディ（細胴）」型の機体の場合は、2035年までに推進系が電動化されるとみている。ナローボディ型とワイドボディ型では、数M（メガ）〜数十MW（メガワッ

第3章　破壊的イノベーションに備える航空大手

ト）級の電動推進系が求められるとした。

　電動推進系の適用範囲を広げるために、モーターの出力や2次電池の容量を高めるだけでなく、重さ当たりの出力密度を高めていく。例えば、2030年代までに、モーターや発電機の出力密度であれば20kW/kg、2次電池のような電力ストレージのエネルギー密度であれば500Wh/kgを超えることを目標に掲げる。

小・中型機が破壊的な変化をもたらす

　さまざまな電動航空機のうち、社会や航空機業界に「破壊的な変化をもたらす」（Watson氏）とみているのが、短距離から中距離を移動する小・中型の電動航空機である。例えば、数人乗りのパーソナル機は渋滞回避によって、都市内や都市間の短距離から中距離の移動時間を大幅に削減できるとみる。

　4〜20人を乗せるようなリージョナルVTOL機は、「新たな市場を創生する」（Watson氏）という。短距離ではローカルコミューターとして、中距離では小型ビジネスジェットのライドシェアを可能にするとみている。20〜100人乗りのハイブリッド型の電動推進系を備えたリージョナル機では、既存の鉄道や航空機サービスを置き換える可能性を秘める。「レールの敷設など、大きなインフラ投資が伴う鉄道を新たに導入する場合に比べて、安価に済む」（同氏）とみる。さらに、既存の航空機に比べて、目的地のそばに離着陸できるようになり、利便性が向上するという。

　こうした電動航空機の実現に向けた課題として機体開発のほかに、動的な運航管理システム、認証や安全の基準、騒音やエミッションの規制、交通補助金の新しいポリシー、離着陸場や充電器といったインフラ、搭乗券システムの構築などを挙げた。

3-4-2 Rolls-Royceが進める３つの研究開発プロジェクト

　小型の電動航空機に向けて、Rolls-Royceは現在、大きく３つの研究開発プロジェクトを進めている。講演ではこれらを紹介した。

Rolls-Royceプロジェクト１「固定翼のフル電動機」

　第１に、２次電池の電力だけでモーターを駆動して飛行する、固定翼タイプの「フル電動」機を開発する「Accelerating the Electrification of Flight（ACCEL）」である。英国の航空宇宙分野の研究機関「Aerospace Technology Institute」などの資金で進めており、2020年の試験飛行を予定している。

　ACCELでは、フル電動機実現の課題とする「エネルギーストレージ（貯蔵技術）とパワートレーン（推進系）」（Watson氏）の性能向上を図るのが目的だ。加えて、電動航空機における堅牢なサプライチェーンを構築するため、これまで航空機業界と縁遠かった技術者や企業を巻き込むことを目標に掲げる。フル電動機として、業界最高の出力密度を達成することを目指している。

　モーターとコントローラー（インバーター）の研究開発に、英国のモーターメーカーYASAが参画。Rolls-Royceは、航空宇宙や電気工学のノウハウの他、データ分析などを担う。英Electroflightの協力も得る。同社は、エネルギーストレージシステムを含む電動パワートレーンの専門家だという。

Rolls-Royceプロジェクト２「チルト型のハイブリッド機」

　第２に、ハイブリッド型小型機「EVTOLコンセプト」である。４～５

人乗りで、積載量数百kgを想定する。前後の２枚の固定翼に、複数の回転翼を配置したフォームファクター（形状）である。前方の固定翼に４つ、後方の固定翼に２つ回転翼を備える。

固定翼部は90度回転するチルト型。巡航高度に達すると、前方の固定翼にある回転翼のプロペラを折り畳み、後方の回転翼で巡航する。

Rolls-Royceの航空機用エンジン「M250」と発電機を組み合わせて「ガスタービンジェネレーター（ターボジェネレーター）」として利用。この電力を使い、モーターを駆動する。M250はこれまで、約125種類の固定翼型航空機とヘリコプターなどに採用され、約半世紀の間で5000万時間を超える飛行実績を持つエンジンだという。

ガスタービンジェネレーターの出力は500kW前後。500マイル（約800km）超の距離を時速250マイル（約400km）ほどで飛行することを想定している。2020年代の前半から半ばに、商用機として実用化したい考えである。

Rolls-Royceプロジェクト３「３人乗りのeVTOL機」

第３に、英Aston Martin（アストンマーティン）が主体となって開発している３人乗りのeVTOL機「Volante Vision Concept」である。高級小型航空機という位置付けである。Rolls-Royceの他、英Crunfield（クランフィールド）大学や英Cranfield Aerospace Solutions（CAeS）が協力している。

Aston Martinは電動化技術や自動運転技術、デザイン力を、Rolls-Royceはハイブリッド型の電動推進系を、クランフィールド大学は自律飛行技術やセキュリティー技術などを、CAeSが機体設計や生産などを担う。

3-4-3　ターボジェネレーターメーカー として生き残りを図る

　Rolls-Royceはハイブリッド型の電動推進系で用いるターボジェネレーターの開発に力を入れている。中でも、発電機（ジェネレーター）を回すガスタービン、すなわちジェットエンジンを中核に据える。中でも、旅客機に搭載するような大型のジェットエンジンは参入障壁が高く、Rolls-Royceにとって、これまでの知見を生かして強みを発揮しやすい分野でもある。

　そのため、ここまで紹介した小型機向けの数百kW級のターボジェネレーターだけでなく、メガワット（MW）級の大型機向けで強みを発揮できるだろう。実際、Airbusなどが研究開発を進める電動航空機の実証機「E-Fan X」では、出力2MWの発電機をRolls-Royce製のエンジン（ガスタービン）「AE2100」で駆動する予定である。

超電導モーターの開発にも着手するサフラン

　フランスの防衛・航空・通信分野の複合企業で、航空機エンジン大手のSafran（サフラン）グループもまた、電動化を見据えて動き出している。ハイブリッド型の電動推進系に向けたターボジェネレーター用にガスタービンを研究開発している。例えば、米Zunum Aeroが最初に実用化するハイブリッド航空機「ZA10」に向けに、Safran Helicopter Enginesがジェットエンジン「Ardiden 3Z」を開発した。ZA10は、エコノミーシート換算で12人、ビジネスシート換算で6人乗りの機体で、航続距離700マイルを想定している。

　Ardiden 3Zの出力は、1700〜2000馬力で、発電機を組み合わせた「ターボジェネレーター」として、連続出力500kWを可能にする。ZA10には、

146　空飛ぶクルマ　電動航空機がもたらすMaaS革命

第3章　破壊的イノベーションに備える航空大手

このターボジェネレーターを2基搭載する予定だ。

　eVTOL機では、例えばヘリコプターメーカー大手の米Bell Helicopter
（ベルヘリコプター）の「Bell Nexus」に、Safranはターボジェネレーター
（ターボエンジン＋発電機）などのハイブリッド推進系とその駆動システムを提供する予定である。

　この他にも、電動推進系に向けた発電機「GENeUS」やモーター
「ENGINeUS」の開発に取り組んでいる。GENeUSの特徴は、整流器を内
蔵しながら出力密度が8kW/kgと大きいこと。効率も整流器込みで94％
と高い。回転速度は4万rpmである。出力150kWをベースに、カスタマ
イズ可能とする。

　ENGINeUSは、出力を最大500kWまでカスタマイズ可能。45kW品の
場合、回転速度2500rpm時で出力密度は2.5kW/kgである。

147

第**4**章

加速する電動化技術の革新

4-1

目標は「クルマの５倍以上」、パワー密度向上に向けた技術開発に拍車

4-1-1　航空機分野では「軽量化」を優先

　ハイブリッド車や電気自動車といった電動車両の開発競争によって、駆動用のモーターやモーターを制御するインバーターといったパワーエレクトロニクス技術は従来に比べて性能が向上した。モーターやインバーターは小型・軽量化、高出力化した結果、出力密度が高まり続けている。電力源の２次電池もエネルギー（容量）密度が向上中だ。この結果、eVTOL機などの電動航空機が現実味を帯びてきた。それでも、電動航空機の時代を迎えるには、一層の性能向上が必須である。中でも軽量化、すなわち「高密度化」がカギを握る。モーターであれば重さ当たりの出力を、電池であれば重さ当たりのエネルギー（容量）を約５倍にするのが目標になる[注]。

注　根津、「電動化で始まる空の革命」、『日経エレクトロニクス 2018 年 5 月号』

　これまで電動車両に向けた駆動用モーターやインバーターの場合、特に重視されるのは小型化だった。すなわち、体積当たりの出力密度を高めることである。もちろん、コスト削減も強く求められる。

　一方、航空機では軽量化に重きを置く。「航空機分野でも部品のコスト

150　空飛ぶクルマ　電動航空機がもたらすMaaS革命

削減は重要だが、優先されるのは軽量化である」（複数の航空機分野の技術者）。

　それでも、電動車両向けモーターやインバーターは小型化によって軽くなり、重さ当たりの出力は向上した。例えば、モーターの場合、現状でおよそ1.5〜2kW/kg（キロワット・パー・キログラム）とされる。これは、小型のプロペラ機を電動化できる水準である。ただし、座席が数席のeVTOL機や、20席以下の「電動版ビジネスジェット」では、5kW/kgが必要になる。さらに10kW/kgまで高めれば、数十席のリージョナル機や100席以上の大型旅客機の電動化が見えてくる。旅客機の電動化には、20kW/kgを達成することが求められている。

4-1-2　ドイツの巨人Siemens

　電動航空機用モーターの出力密度向上や、同モーターの実証実績で先行するのが、ドイツSiemens（シーメンス）である。同社は、電動航空機に向けた推進系を新たな事業の柱に据えようと、急ピッチで研究開発を進めている。

　Siemensが手掛ける電動推進系技術の幅は広い。例えば、発電機と発電機から生じる交流の出力を直流にする電力変換器（AC-DC変換器）、2次電池、2次電池につなぐ、電圧を変換するDC-DCコンバーター（DC-DC変換器）、モーター、モーターを駆動するインバーター（DC-AC変換器）である。加えて、発電機側と2次電池側、モーター側の間で電力や信号をやり取りする制御部と、それらを含めた電動推進系全体を制御するコントローラーなどである。すなわち、発電機を回すためのガスタービンやプロペラとモーターの間に設置するギアボックス（減速機）などを除いて、ほぼすべての電動推進系を手掛けている。

Siemensは開発した電動推進系を試作航空機に搭載し、試験飛行を繰り返している。大別してクオーターMW（メガワット）級、すなわち250kW級の出力を備えた機体と出力が100kW未満のサブ100kWの機体の2種類がある[注]。前者には、小型の固定翼機「Extra 330LE」がある（写真4-1）。この機体は、試験飛行で時速337.5kmと、フル電動の航空機として最高の速度を達成したことで知られている。

注　根津、「墜落事故を越えて、電動航空機技術の開発に邁進するシーメンス」、『日経 xTECH』

　このExtra 330LEに搭載したモーターは「SP260D」で、出力密度5kW/kgを超える（写真4-2）。前述のように、この値は、eVTOL機や電動版ビジネスジェットへの適用が可能な水準である。具体的には、出力260kW、重さ50kgで、出力密度は5.2kW/kgとなる。5kW/kgという大台を突破したことで、電動航空機用モーターを手掛けるメーカーが、自社製品のベンチマークとして、比較する場合も多い。

写真4-1　飛行する「Extra 330LE」（左下）
（提供：Siemens　Copyright：Jean-Marie Urlacher）

第4章　加速する電動化技術の革新

写真4-2　「SP260」のモックアップ。写真下の物体は、大きさ比較のために置いたボールペン（撮影：日経 xTECH）

　Siemensはさらなる高密度化を果たしており、現在260kWと同等の出力を維持したまま、重さを44kgに減らした「SP260D-A」を開発済み。出力密度に換算すると、5.9kW/kgである。

Airbusとの協業で電動推進系を拡大

　Siemensは電動推進系の事業を拡大するために、フランスAirbus（エアバス）グループと共同開発を進めている。例えば2016年4月には、ハイブリッド型電動推進系に関して、長期にわたる共同研究開発にAirbusと合意。その目玉の1つが、英Rolls-Royce Holdings（ロールス・ロイスホールディングス）も参加して3者で研究開発を進める「E-Fan X」プロジェクトである。

　E-Fan Xでは、100人前後が搭乗できる既存のリージョナル機「BAe 146」を基に、4基のターボファンエンジンのうち、1基を出力2MWのモーターに置き換える。このモーターを手掛けるのがSiemensであ

る。2018年11月の電動航空機のイベント「Electric & Hybrid Aerospace Technology Symposium 2018」に登壇した、Siemens Corporate Technology, executive vice president eAircraftのFrank Anton氏によれば、出力2MWで、連続出力時での出力密度が10kW/kgのモーターを「数年以内に実現できる」とみている。

　この電動推進系で利用する電圧、いわゆるDCバス電圧は3kVと高い。数人乗りの電動航空機の場合、モーター1台当たりの出力は大きいものでも500kW級で、DCバス電圧も500〜800Vであるのが一般的だ。2MWと高い出力と3kVという高い電圧から、予定通り2020年に初飛行できるかどうか、航空機業界が注目しているプロジェクトである。順調に進めば、数MWから10MWの出力を求める中型の電動航空機実現に弾みがつく。

　2016年4月の合意の前から、SiemensはAirbusとは縁が深い。例えば、同社のフル電動の小型実証機「E-Fan」は、Siemensの出力32kWのモーター2つで飛行した。2014年に初代機「E-Fan 1.0」、2016年に「E-Fan 1.1」と「E-Fan 1.2」の初飛行に成功している。

　現在も、Airbusグループのフランス Airbus Helicoptersが中心となり、研究開発を進めている電動の垂直離着陸（eVTOL）機「CityAirbus」のモーターとインバーター、そして「EPDC（Electric Power Distribution Center）」と呼ぶ、電動推進系における電力のやり取りを制御するユニットをSiemensが手掛けている。

インバーターはSiCが前提

　電動航空機でモーターを制御するインバーターは、高電圧化が求められている。電圧を高めて出力を上げるためだ。同じ体積のまま電圧を上げれば、その分出力密度が向上する。

第4章　加速する電動化技術の革新

　現状、インバーターや昇圧用コンバーターの回路で扱う電圧は、高くて600Vほど。鉄道分野などでは、1kVを超える電圧レンジを利用するものの、電動航空機のインバーターは電動車両向けをベースにしているため、高くて600Vだという。電動車両では、インバーターやコンバーターといった電力変換器の出力を据え置いたまま、高電圧化して電流値を下げ、損失低減を図る動きがある。それでも800Vである。

　電動航空機では1kV以上を求める声が大きい。実際、E-Fan Xでのバス電圧は3kVである。

　そのようなインバーターの高電圧化で出番となるのが、SiC（シリコンカーバイド、炭化ケイ素）製のパワーデバイスである。SiCパワーデバイスは、現行のSi（シリコン、ケイ素）パワーデバイスに比べて、電力変換器の損失を大幅に低減できる。損失が減る分、電力変換器を小型・軽量化できる。最大動作温度も高いので、Siパワーデバイスを利用する場合に比べて、冷却機構を簡素化して、さらに小さく軽くできる。しかも、Siに比べてSiCの方が高い電圧のパワーデバイスを作りやすい。つまり、電動航空機のインバーターとしてうってつけである。

　実際、前述のSiemensのモーターSP260Dの制御には、SiCパワーデバイスのインバーターを利用している。電動航空機の開発を行っている企業や研究機関の多くが、SiCインバーターの利用を前提に考えている。

　これまでSiCパワーデバイスはSiパワーデバイスに比べて非常に高価だった。だが、2020年代前半から、電動車両のインバーターでSiCパワーデバイスの利用が本格化する見込み。数量を見込めるクルマで多用されれば、コストが下がり、現在よりも電動航空機でずっと利用しやすくなる。

155

むしろ、課題になるのが周辺部材や高高度への対応である。例えば、1kVを超える高電圧、高温環境下で利用できるケーブルなどが求められているという。高度1万mを超えるような高高度では、故障の原因となる放電が発生しやすい、宇宙線が強まる、といった課題が生じるため、これらの対策が不可欠になる。

第 4 章　加速する電動化技術の革新

> コラム

墜落事故を越えて、電動化にまい進する Siemens

　Siemensは、ハンガリーMagnus Aircraftが開発中の電動航空機「eFusion」にSiemensの電動推進系を搭載した、サブ100kW級の電動航空機の試験機がある。電動推進だけでの飛行を200回以上成功したという。2018年4月には、ハイブリッド型の電動推進系での処女飛行を達成した。

　順調だった開発だが、その後、2018年5月31日にハンガリーで墜落事故が起きた。2018年11月8〜9日にドイツ・ケルンで開催された電動航空機のイベント「Electric & Hybrid Aerospace Technology Symposium 2018」では、ドイツSiemens Corporate Technology, executive vice president eAircraftのFrank Anton氏が登壇し、この事故で亡くなったパイロットと、同乗した技術アドバイザーに哀悼の意を示すとともに、原因究明に全力を挙げつつ、今後も電動化技術の研究開発を継続する姿勢を見せた（写真4-A）。「日本企業であれば、死亡事故が起きた段階でストップさせる」（ある日本人参加者）だけに、この事故を乗り越えて、航空機の電動化技術を事業の柱に育てようというSiemensの強い意志を感じる。

　Siemensは、決して人命を軽んじているわけではない。電動推進系の技術開発を継続している背景には、この墜落事故では、地面に衝突するまで、試験機

写真4-A 「Electric & Hybrid Aerospace Technology Symposium 2018」に登壇したSiemensのAnton氏
（撮影：日経 xTECH）

における電動推進系は「完全に（faultlessly）動作していた」（Anton氏）ことがある。事故後の技術的な調査では、航空機の構造やシステムには、故障の証拠（痕跡）は見つからなかったという。この講演までに入手できたデータでは、飛行中に発煙や発火したことを示すものはなく、地面に衝突後に、初めて発火したとしている。

この他、分散型の電動推進系（Distributed Propulsion）の実証試験も進めている。小型のファンを機体に複数個配置することから「多発分散化」や「分散ファン」などと呼ばれる。1つ当たりのファンの大きさは小さくなるものの、ファンの総面積は増えるので推進効率が高まるため、次世代の推進系として期待されている。モーター駆動の方が、多発分散化しやすいことから、電動化と多発分散化はセットで考えられている。

Siemensは、小型ファンを2つ搭載したハイブリッド機による飛行に「世界で初めて」（Anton氏）成功したという。これにより、多発分散化の実現に向けて「第一歩を踏み出した」（同氏）とする。2018年10月時点では20分前後、「講演前日（2018年11月7日）で45分飛行できた」（Anton氏）と胸を張った。

4-1-3　新興企業がSiemensに挑戦状

　電動航空機向けモーターやインバーターで先行するSiemensに対して、新興企業が猛追している。中でもSiemensに対抗心を燃やしているのが、米国の新興企業magniX（マグニクス）である。「電動推進系で米General Electric（GE）やカナダPratt & Whitney Canada（PWC）、英Rolls-Royce Holdingsといった航空機用ジェットエンジンの『ビッグ3』のような存在になる」（同社 CEOのRoei Ganzarski氏）と息巻く[注]（写真4-3）。

注　根津、「電動航空機業界の『GE』目指す米新興企業、超電導モーターの研究も着手」、『日経xTECH』

　magniXは、「ミドルマイル」と呼ぶ、100〜1000マイル（約160k〜1600km）の距離を移動する電動航空機に向けたパワートレーン（推進系）の開発を進める。モーターを中心に、モーターを駆動するインバーター、インバーターを制御するソフトウエアといった電動航空機の駆動システムの開発に力を入れている。同社技術を搭載した電動航空機が、500マイルを飛行する商用サービスを開始できるように、研究開発を急

写真4-3　2018年10月開催の航空分野のイベント「Revolution.Aero」で講演するmagniX CEOのRoei Ganzarski氏（撮影：日経 xTECH）

ピッチで進めている。

　magniXは、もともとオーストラリアで2009年に創業した企業で、現在はBoeing（ボーイング）の「おひざ元」であるシアトルに本社を構える。共同創業者でCEOのRoei Ganzarski氏も、Boeingに在籍したことがあり、在籍中は全日本空輸（ANA）と仕事をしたこともあるという。従業員は、2018年9月時点でおよそ60人である。

　同社のパワートレーンの特徴は、出力が大きく、かつ重さ当たりの出力密度が高いことである。現在、モーターは大きく2品種ある。1つは、350馬力（HP：Horse Power）相当の出力を備えた品種である。「250kWファミリー」（Ganzarski氏）と呼んでおり、出力250k〜280kWほどのモーターの総称である。代表として「magni250」がある。出力は280kW（375軸馬力相当）で、重さは60kg。すなわち、重さ当たりの出力密度は約4.67kW/kgになる。

　もう1つは、750馬力相当の出力を備えた品種で、「500kWファミリー」と呼ぶ。その代表として、出力560kW（751軸馬力相当）の「magni500」がある。重さは120kgなので、出力密度は約4.67kW/kgになる。

　いずれも、電動航空機向けモーターの実用化で一里塚とされる5kW/kgに近い。現状では、750馬力品で約5.1kW/kgを達成できているという。

　トルクに関しては、magni250は1407Nm、magni500は2814Nmと大きい。回転数はいずれも1900rpmである。このトルクと回転数から、「ギアボックスを介さずに直接プロペラを回転させられる。だから小型化に向く」（Ganzarski氏）とする。

第4章　加速する電動化技術の革新

magni250とmagni500の効率はいずれも93.8％で、DCバス電圧は540V。DCバス電圧に関しては、航空機が搭載する2次電池に合わせて、500〜800Vの間で選択するという。

magniXのmagni500は、前出のSiemensのモーター「SP260D」に比べて、出力密度はやや低いものの、出力は2倍以上である。このため、「実用水準の出力と出力密度を達成したのは、我々とシーメンスくらい。むしろ実用化では先行している」（Ganzarski氏）と胸を張る。

実際、magniXは実用化に向けて着々と手を打っている。2018年9月、地上設備において350馬力相当の出力を備えたモーターによる小型機のプロペラの回転に成功したことを明らかにした。350馬力品を搭載した小型航空機で、2019年後半にも飛行試験を実施する予定である。

並行して、750馬力品の実用化も急ピッチで進める。750馬力品は、「Cessna Caravan」や「Twin Otter」、「King Air」といった小型機に搭載されているPWCのターボプロップエンジン「PT6」シリーズを「置き換えることができる」（Ganzarski氏）水準にあるという。

そこで、既存の小型機「Cessna 208 Caravan」のエンジンを750馬力のモーターに置き換えて、350馬力品のように同機のプロペラを2019年中ごろに回転させる計画。次に、2019年後半に飛行試験を開始し、フル電動機としての認証を始めるという。認証を得た後、2022年までに、750馬力品を搭載した小型のフル電動航空機を実用化したいとする。

この750馬力品を搭載したフル電動機の航続距離に関しては、「現在の2次電池の容量密度だと100マイルがいいところ。だが、電池技術の進化は著しいので、今後5年以内に250〜300マイル飛行できるようになるだ

ろう」(Ganzarski氏)とみる。

　さらにmagniXは2019年3月に、水上飛行機などを運航するカナダの航空会社（エアライン）Harbour Airと、水上飛行機の電動化でパートナーシップを結ぶことを明らかにした。今後、既存の水上機を、2次電池の電力だけでモーターを駆動して飛行する「フル電動型」の機体に変更し、運航していく考え（写真4-4）。まずは、既存の6人乗りの水上機「DHC-2 Beaver」をフル電動機に改造する。2019年末にも、フル電動機の最初の飛行試験を実施する予定である。

　Harbour Airは年間3万回のフライトで50万人以上の乗客を運んでいる、水上飛行機のエアライン大手である。それだけに、電動航空機の普及に弾みがつきそうだ。

写真4-4　Harbour Airが運航する水上機。フル電動化することで、1時間当たりの運航コストを約70〜80％削減できるという（提供：magniX）

第4章　加速する電動化技術の革新

　電動推進系の開発を加速させているmagniX。そのキーテクノロジーは、「いろいろとあるが、あえて挙げるとモーター構造や材料、冷却技術の3つ」（Ganzarski氏）だという。その詳細を明かしていないものの、モーターの出力密度を高めるために、「『ハルバッハ配列』に類似した技術を適用して磁石を配置した」（同氏）という。インバーターも、重さ当たりの出力密度を高めるために、SiCパワーデバイスを採用した。

　前述のキーテクノロジーは、「スケールアップが容易で、350馬力品も750馬力品も同じ技術を使っている」（Ganzarski氏）という。そのため、より高出力なモーター、例えば出力1MWのモーターにも、同様の技術を適用できるとみている。

エアバス採用の高出力モーター

　開発したモーターが、Airbusの研究開発組織「A^3（エーキューブ）」が進めるチルト型ローターを備えたeVTOL機「Vahana」に採用されたのは、米MAGicALLである。特徴は出力密度が高いこと。米Uber Technologies（ウーバーテクノロジーズ）が2018年5月に開催したイベント「Elevate Summit」の展示スペースに、ピーク出力75kWで、連続出力60kWのモーターを出展。モーターを制御するインバーターを一体にしながら、重さは約11kgと軽い。出力密度に換算すると、連続出力時で約5.5kW/kgと大きい。トルクは最大130Nmである。さらに、「この出力密度で空冷という点がすごい」（電動航空機に詳しい研究者）。モーターには空冷用のフィンが付いており、フィンなどの外装を含めてモーターの直径は11インチ（約28cm）である（写真4-5）。

　連続出力60kW、最大トルク130Nmというモーターは、あくまで同社の製品のうちの1つ。製品ラインアップとして、最大出力が6k〜300kW品を用意し、「サンプル出荷できる」（説明員）段階にある。口径を

大きくすることで、出力を高められる。トルクは最大で1000Nmを達成できる。同じ出力でも、トルクが大きい品種だと重くなる。例えば、最大出力300kW、連続出力240kW品で、最大トルク1000Nmを達成すると、重さは49.5kgになる。このときの出力密度は、連続出力時で約4.85kW/kgになる計算だ。

　米LaunchPoint Technologiesも、UberのeVTOL機のコンセプト機「eCRM（eVTOL Common Reference Models）-003」向けのモーターを手掛ける新興企業として知られている。同社のモーターはハルバッハ配列で出力密度を高めている（写真4-6）。

写真4-5　MAGicALLが2018年5月開催の「Elevate Summit」に出展したモーター（撮影：日経 xTECH）

写真4-6　LaunchPoint Technologiesが2018年5月開催の「Elevate Summit」に出展したモーター（撮影：日経 xTECH）

第4章　加速する電動化技術の革新

　ここまで紹介した新興企業は、いずれも米国の企業だが、欧州でも電動航空機用モーターを開発する新興企業がある。中でも著名なのが、英国のモーターメーカーYASAである。英国の航空宇宙分野の研究機関「Aerospace Technology Institute」などの資金で進めている、固定翼タイプの「フル電動」機を開発する「Accelerating the Electrification of Flight (ACCEL)」に参画している。ACCELでは、YASAはモーターとインバーターの研究開発を担当している（写真4-7）。

写真4-7　2018年11月の電動航空機のイベント「Electric & Hybrid Aerospace Technology Symposium 2018」にYASAが展示したモーター（撮影：日経xTECH）

4-1-4　新たなアプローチに挑戦

超電導モーターの研究開発が盛ん

　以前に比べて出力密度が向上しているものの、大型機向けの電動推進系で求められる、10k〜20kW/kgのモーターを実現するには、従来とは一線を画すアプローチが必要になる。その有力候補として、多くの企業が研究開発に取り組むのが、「超電導モーター」である。モーターのステーターとローターの両方に超電導材料を適用する「全（フル）超電導

モーター」であれば、20kW/kgを超えると目されている。

　超電導モーターで高い出力密度を得られるのは、高い電流密度を得やすいからである。一般に、ニオブチタン（NbTi）などの超電導線材を液体ヘリウム温度である4.2K（−269℃）の極低温まで冷却することで、銅線の数十から数百倍の電流密度を得られる[注]。さらに、ステーター部分で鉄心を利用しない構造も可能で、軽量化に向く。その結果、モーターの出力密度を大幅に向上させることができる。

注　寺尾、「電動航空機で脚光浴びる超電導、モーターや発電機、電力ケーブルに」、『日経 xTECH』

　極低温にする冷却装置が必要になるものの、その体積や重さ、消費電力を考慮しても、電動推進系全体でメリットがあると期待されている。そもそも、最近は「高温超電導線材」と呼ばれる、液体窒素温度である77K（−196℃）の冷却で高い電流密度を得られる材料も登場しており、冷却の負荷は減少傾向にある。このように、既存のモーターを超える出力密度を達成できるポテンシャルを秘めることから、航空機用の研究開発が盛んである。例えば企業では、magniX（写真4-8）やSiemens、Safranなどが航空機用超電導モーターの研究に着手している。

　推進用ファンを回すモーターだけでなく、発電機、発電機から生じた電力を分配する電力用ケーブル、電力貯蔵装置にまで、幅広く超電導技術を適用することも検討されている。つまり、超電導発電機と超電導ケーブル、超電導モーター、超電導電力貯蔵装置（SMES）を航空機に適用し、損失が小さい電動推進を可能にする。それに取り組むのが、ドイツ連邦経済エネルギー省（BMWi）が助成し、AirbusグループやドイツKarlsruhe Institute of Technology（KIT）、Siemensなどが参加している研究開発プロジェクト「Thermo-Electrically Optimized Aircraft Propulsion Systems（TELOS）」である。

第4章　加速する電動化技術の革新

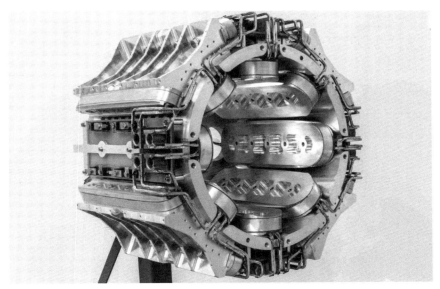

写真4-8　magniXが開発中の超電導モーター（出所：magniX）

　TELOSでは、液体水素を超電導発電機や超電導モーター、電力変換器（インバーターやコンバーター）の冷却に加えて、超電導発電機を回すタービンの燃料として利用することも考えている。これにより、化石燃料の使用量を減らす狙いがある。

燃料電池を組み合わせて燃費削減
　2次電池も、大型機まで電動推進系を導入するには、これまでのLiイオン2次電池とは異なるアプローチで飛躍的な性能向上が不可欠である。現在、容量が大きいLiイオン2次電池パックの製品で、200Wh/kg（ワットアワー・パー・キログラム）ほど。量産に向けて研究開発が進む次世代品で250Wh/kgほどである。航続距離によるものの、1〜2人乗りの小型機をフル電動化できる水準である。

　だが、座席数が多い大きな機体ほど、高い容量密度が求められる。ビ

ジネスジェットであればフル電動化に300〜400Wh/kg、リージョナル機や大型旅客機であれば、内燃機関と電気を併用する「ハイブリッド化」に700〜1000Wh/kgが目安になる。

こうした値を製品水準で達成するのはまだしばらく時間がかかる。そこで大型機の電動推進系ではハイブリッド型の研究開発が盛んだ。

ハイブリッド型の推進系の中でも、ガスタービンで回す発電機からの電力と、2次電池からの電力をモーター駆動に用いる「シリーズハイブリッド」の推進系に注目が集まっている（図表4-1）。

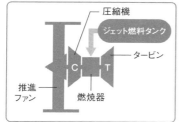
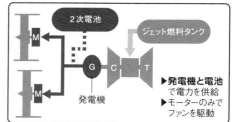
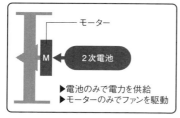
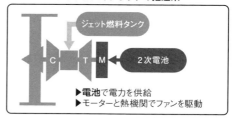

図表4-1　現行の大型機では、熱機関（ガスタービン）でファンを回転させて推進しているのに対して、電動の推進系はモーターでファンを回す。以前は、推進系の「電動化」とは、2次電池だけで電力を供給することでモーターを駆動してファンを回転させる「フル電動」を指していた。だが、この方式では2次電池が大きく重くなるので、大型機への適用が難しい。そこで最近では、熱機関と電動技術を組み合わせるハイブリッド型の研究開発が盛んである。中でも、熱機関で動かす発電機からの電力と電池の電力をモーター駆動に用いる「シリーズハイブリッド」の推進系が中心である。なお、図では減速機や電力変換器（インバーターなど）の一部の構成要素を省略している（出所：JAXAの資料を基に日経エレクトロニクスが作成）

第４章 加速する電動化技術の革新

　ハイブリッド化によって大型機のエネルギー消費量が減るのは、モーターによるファン駆動によって、「多発分散化」が可能になり、推進効率が高まるからである。これにより、従来に比べて10～20％の燃費削減効果を得られる見込みだ。

　さらに宇宙航空研究開発機構（JAXA）は、固体酸化物形燃料電池（SOFC）とガスタービンを組み合わせた「複合サイクル」システムで、50％以上の燃費削減を狙う。発電時にSOFCから出る高温の排空気をガスタービンに送り、同空気をガスタービンの燃焼器で利用することで効率を高める。

　SOFCを用いた複合サイクルシステムは定置用では実用化されているものの、実現のハードルは高い。利用環境が定置発電用と航空機用で大きく異なるからだ。定置用で必要だった高圧容器は、航空機の場合、もともとガスタービンで使っていた高圧容器を利用できるので、新たに用意しなくて済む。一方で、求められる出力の変化が激しい、起動時間が短いという、SOFCにとって過酷な状況での利用になる。

　この課題克服が難しい。それでも「ハイリターン」（JAXA 航空技術部門 次世代航空イノベーションハブ エミッションフリー航空機技術チーム長の西沢啓氏）の効果を得られる技術なので、JAXAは外部の協力を仰ぎながら早期実現を図る（図表4-2）。

Li空気２次電池に期待

　一方で、２次電池自体の容量密度向上に向けた研究開発は盛んである。航空機だけでなく、自動車やモバイル機器など、幅広い用途で容量密度向上が強く求められているからである。中でも、理論的に1000Wh/kg以上の高い容量密度を実現できるLi空気２次電池への期待は大きい。

例えば自動車メーカーでは、これまでトヨタ自動車が積極的に研究開発に取り組んできた。近年では、ソフトバンクがLi空気２次電池の実用化に向けて、物質・材料研究機構（NIMS）と連携することを2018年４月に発表した。

　高いエネルギー密度を期待できるLi空気２次電池だが、実用化されるのは2030年代とみられ、しばらく先である。その間、既存のLiイオン２次電池よりもエネルギー密度を高められると期待されているのが、「全固体電池」だ。同電池もLiイオン２次電池の１種である。既存のLiイオン２次電池は、主に「正極」と「負極」、正極と負極の間にある「電解液」、正極側の電解液と負極側の電解液を分離する「セパレーター」で構成する。これに対して全固体電池は、電解液がなく、代わりに、セパレーターを不要にする固体電解質を用いる(注)。正極と負極、電解質まで固体であることから、全固体電池と呼ばれる（図表4-3）。

注　野澤、「３分でわかる 全固体電池」、『日経 xTECH』

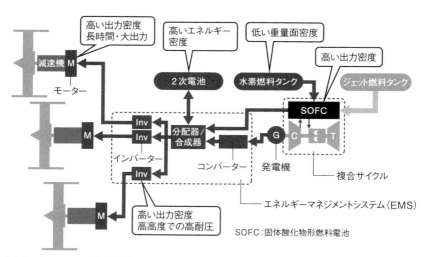

図表4-2　JAXAが研究開発に取り組む、SOFCとガスタービンを組み合わせた「複合サイクル」システムの概要（出所：JAXAの資料を基に日経エレクトロニクスが作成）

第4章　加速する電動化技術の革新

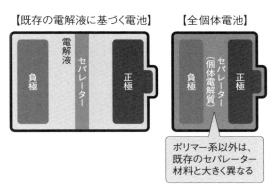

図表4-3　既存のLiイオン2次電池と全固体電池の比較（図：日経エレクトロニクス）

　全固体電池は、既存の液系Liイオン2次電池に比べて、急速充電が可能になるうえ、エネルギー密度を高められる潜在力を備える。その理由は大きく3つある。第1に、電解液では使えなかった、より高エネルギー密度、高電位の正極材料や負極材料を利用できる可能性があること。第2に、液漏れの心配がないので、電池パックのパッケージを簡素化できること。第3に、斬新な電池セルの設計が可能であることである。

　全固体電池に関しては、トヨタ自動車をはじめ、自動車業界が総力を挙げ、実用化に向けて研究開発を進めている[注]。その結果、自動車向けの全固体電池は、2020年代前半にも実用化されそうだ。

注　野澤、「Li空気電池まで地続きに進化、新型電池があらゆる人工物を刷新」、『日経 xTECH』

第5章
電動航空機を日本の基幹産業に

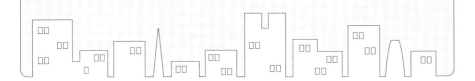

5-1

空飛ぶクルマが日本の空へ、
オールジャパンで欧米勢に追走

5-1-1 「空の移動革命に向けた官民協議会」
立ち上げ

　ここまで紹介した、空飛ぶクルマや航空機の電動化の取り組みは、欧米が中心だったが、ここにきて、日本でもキャッチアップしようと、空飛ぶクルマを巡る動きが活発化してきた。その動きを象徴するのが、経済産業省と国土交通省が2018年8月に立ち上げた、官民の関係者が一堂に会する「空の移動革命に向けた官民協議会」である。同協議会での活動を通じて、空飛ぶクルマの開発を進める民間企業の将来構想や技術開発の見通しを基に、経産省や国交省といった「官」がその取り組みを支援するのが狙いだ。

　同協議会の担当者で、経済産業省の海老原史明氏は、「民間企業から、『空飛ぶクルマ』という新しいものに対して『どれぐらいアクセルを踏んで取り組んでいいのか分からない』といった声が聞かれる。そこで、我々としては、将来の予見性を高め、事業者の参入を促したい」と、2018年11月の航空宇宙分野の展示会「国際航空宇宙展2018東京」の併設セミナー「空飛ぶクルマ・シンポジウム」における基調講演で意気込んだ[注]（写真5-1）。

注　赤坂ほか、「日本からの『空飛ぶクルマ』参入を促したい、熱気あふれる会場で経産省のキーパーソンが講演」、『日経 xTECH』

174　空飛ぶクルマ　電動航空機がもたらすMaaS革命

第5章　電動航空機を日本の基幹産業に

写真5-1　2018年11月の「国際航空宇宙展2018東京」の併設セミナー「空飛ぶクルマ・シンポジウム」で講演する経産省の海老原史明氏（撮影：日経 xTECH）

　経産省はもともと、日本における空飛ぶクルマの産業化に前向きだった。空飛ぶクルマこと、eVTOL機では、モーターやモーターを駆動するインバーター、インバーターを動かすパワーデバイス、電力源になる2次電池といった電動化技術を利用する。こうした電動化技術は日本企業が得意とするだけに、日本の新たな産業として成長し得るとして、経産省はeVTOL機に強い関心を寄せていた。

　さらに、eVTOL機の量産には、自動車の製造技術を生かせると見られている。実際、eVTOL機を手掛ける新興企業の中には、量産に当たり、自動車メーカーとタッグを組んでいるところがある。日本は自動車製造に強みを持つだけに、こうしたことも、経産省が空飛ぶクルマの産業化に前向きな理由となっている。

　現に経産省は、官民協議会発足前から、日本の企業や団体などに呼びかけて配車サービス大手の米Uber Technologies（ウーバーテクノロジーズ）が開催するイベント「Elevate Summit」に参加していた[注]。2018年5月開催の「2018 Elevate Summit (the 2nd Annual Uber Elevate Summit)」には、およそ20人の日本人が参加した。

注　根津、「「空飛ぶクルマ」国内でも実現か、経産省と国交省が官民協議会、ウーバーも参加」、『日経 xTECH』

協議会の構成員を見ると、Elevate Summitに参加した人々が所属する団体・企業からの人たちが多い。大手企業から新興企業まで、顔ぶれは多彩だ。構成員は日本企業だけではない。フランスAirbus（エアバス）や米Boeing（ボーイング）、Uberといった海外企業の日本法人も参画している。

　この協議会の大きな目的は、空飛ぶクルマ実現のロードマップを2018年内に作ることだった。2018年12月に開催された第4回の会合でこの目標を達成。空飛ぶクルマ実現のロードマップを策定した。会合の終盤に登壇した経済産業大臣の世耕弘成氏は、「作成したロードマップは『絵に描いた餅』にしない。空飛ぶクルマの実現に向けて、国土交通省と協力しながら2019年に飛行試験・実証実験を行い、2023年には事業を始める」と意気込んだ(注)（写真5-2）。

注　根津、「空飛ぶクルマで世耕経産相が決意表明、『19年に飛行試験、23年に事業開始』」、『日経xTECH』

写真5-2　経済産業省と国土交通省が共同で設立した「空の移動革命に向けた官民協議会」は、2018年12月に第4回会合を開催し、空飛ぶクルマ実現のロードマップを作成した（左）。同会合の終盤に登壇した経済産業大臣の世耕弘成氏は、2019年に飛行試験・実証実験を行い、2023年には事業を始めることを宣言した（右）（撮影：日経 xTECH）

第5章 電動航空機を日本の基幹産業に

ロードマップに示した3つの要素

ロードマップは、空飛ぶクルマの（1）「事業者による利活用の目標」（2）「制度や体制の整備」（3）「機体や技術の開発」の3つの要素からなる。

（1）に関しては、飛行試験を終えた後、2020年代半ばから2030年代にかけて、「物の移動」「地方での人の移動」「都市での人の移動」の順に事業を始めることを目標に掲げる。このほか、「災害対応」「救急」「娯楽」などの用途に活用されるとみる。

（2）に関しては、欧州や米国などの海外とも議論しつつ、空飛ぶクルマの型式証明や耐空証明に向けた機体の安全性の基準や、技能証明の基準作りに取り組むことを記載している。離着陸する場所や飛行空域、通信用の電波の調整・整備も行う考え。こうした一連の制度や体制の整備では、（1）で行う実証実験の結果をフィードバックしたり、万が一事故が起きた場合の被害者救済ルールや保険なども考慮したりして、議論を進める。なお、試験飛行の拠点としては、各自治体の協力を得るほか、福島ロボットテストフィールドを活用していく考えである。

（3）に関しては、自律飛行や運航管理、電動推進系の技術開発を行う。少なくとも、現在の航空機並みの安全性と静粛性を確保することを目標に掲げる。

5-1-2 JAXAが電動化を主導

空飛ぶクルマの社会実装や基準作りといった、官民協議会で議論された成果を取り入れつつ、eVTOL機のような小型機から200人以上が乗る大型機まで、幅広い航空機の電動化を促す役割を担うのが、宇宙航空研

究開発機構（JAXA）が中核となって2018年7月に立ち上げた「航空機電動化（ECLAIR）コンソーシアム」である[注]（図表5-1）。航空機の電動化に向けた要素技術の目標を設定し、その実現に向けた研究開発を行う。JAXAの組織「航空技術部門次世代航空イノベーションハブ」が主体となり、自動車関連メーカーや電機メーカーといった、これまで航空機産業とは縁遠かった企業を巻き込みながら進める構えだ。

注　根津、「ホンダやデンソーが関心寄せる電動航空機、飛び立つ日本初のコンソーシアム」、『日経xTECH』

図表5-1　コンソーシアムの概要（図：ECLAIRコンソーシアム）

　同コンソーシアムを発足・主導する立場にある「ステアリング会議」のメンバーは2019年3月時点で9団体ある。JAXAのほか、IHIや川崎重工業、経済産業省、SUBARU、日本航空機開発協会、日立製作所、三菱重工航空エンジン、三菱電機だ。オブザーバーとして、東京大学や全日本航空事業連合会、日本航空宇宙工業会なども加わる。

　ステアリング会議やオブザーバーは、ECLAIRの中核メンバーに相当

する。このほかに、一般会員を広く募集している。発足直後で、ホンダや
デンソーなどの自動車業界の企業や、東北大学や名古屋大学など、既に
7団体が参画していた。

　研究開発は、コンソーシアム内の「技術開発グループ」が担う。同グ
ループで、いくつかの技術開発テーマを決めて、研究開発を行う。その
研究開発費は、各テーマに参画する企業が出す資金や、国の研究開発プ
ロジェクト（国プロ）などの「外部資金」（JAXA）などを想定している。

　コンソーシアムでの研究開発を本格化させるのに先立ち、航空機の電
動化に関する「将来ビジョンver.1」を2018年12月に公開。それに合わせ
て、同月に「第1回オープンフォーラム」を開催した。このイベントには、
コンソーシアムに参加している三菱電機や日立製作所のパワーエレクト
ロニクス技術者らが登壇。電動航空機に対する事業面に関する期待や意
気込みなどを語った。

5-1-3　有志団体「CARTIVATOR」

　こうした「官」や「学」での動きとともに、eVTOL機を手掛ける日本
の新興企業が登場するなど、産業界も動き出した。日本における空飛
ぶクルマの「先駆け」とされるのが、2012年に活動を開始した有志団体
「CARTIVATOR（カーティベーター）」である。「2050年までに、誰もが
自由に空を飛べるようにする」という将来ビジョンを掲げて、「空飛ぶク
ルマ」の開発を進めている。

　現在、メンバーは若手技術者を中心に100人を超える組織に成長した。
トヨタ自動車グループやNEC、パナソニックなど、さまざまな企業から
資金や技術、部品などの支援を受けて活動を続けている。

マイルストーンとして、2014年に5分の1スケールモデルの飛行に成功した[注]（写真5-3）。次に、フルスケールの試験機「SD-01」の開発に着手。続いて屋内での無人飛行やホバリング（停止飛行）に成功した。2018年12月には屋外での無人飛行試験を開始。12月13日に初飛行に成功した。2019年2月には、東京都の「未来を拓くイノベーションTOKYOプロジェクト」に採択され、助成が決定したと発表。交付決定日から最大3年3カ月の間に、初年度最大5000万円、次年度以降が最大1億5000万円、合計最大5億円の補助を受けられるという。この助成を、機体の開発や製造、認証取得に向けた安全性の向上に活用する予定である。

注　三宅、「空飛ぶクルマで世界を覆う、大企業社員の"起業家"」、『日経 xTECH』

写真5-3　5分の1スケールモデル。2018年11月の「国際航空宇宙展2018東京」におけるセミナー「空飛ぶクルマ・シンポジウム」の会場そばで展示されていたもの（撮影：日経 xTECH）

第5章　電動航空機を日本の基幹産業に

写真5-4　2018年11月の「日経クロストレンド EXPO 2018」で講演する、CARTIVATOR/SkyDriveの福澤氏（撮影：日経 xTECH）

　今後は、有人による屋内・屋外の飛行試験を実施する予定だ。2020年のデモフライトを目指している。狙うのは、同年に開催される東京五輪でのデモフライトである。1988年のロサンゼルス五輪の開会式では、ジェットパックを背負った人物が飛行する演出が行われた。同じようなデモを東京五輪で見せたいと意気込んでいる。

　CARTIVATORが掲げる現在の大きな目標は2020年のデモフライトまで。その成果を引き継いで、空飛ぶクルマの実用化を進めるのがCARTIVATORを母体とした新興企業SkyDrive（本社東京）である。代表取締役は、CARTIVATOR 共同代表の福澤知浩氏だ（写真5-4）。

　同社は空飛ぶクルマの製品化・販売を目的に2018年7月に設立された。出資者には、例えばDrone Fund 2号（正式名称：千葉道場ドローン部2号投資事業有限責任組合）がおり、3億円の資金調達を実施した。SkyDriveはCARTIVATORとともに空飛ぶクルマを開発しており、2023年に販売を開始し、2026年には量産することを目標に掲げている。

　空飛ぶクルマを実用化して普及させるうえで、とりわけ福澤氏が重視

するのが価格である^(注)。例えば、前述のロス五輪で披露されたジェットパックの価格は数千万円と高価なので、誰もが気軽に購入できるようなものではない。そこで電動化や自律化でコストを削減し、より多くの人が購入できる価格帯を目指す。

注　根津、「日本で『空飛ぶクルマ』が離陸する日、トヨタやNEC、パナソニック支援の団体代表が実現条件を語る」、『日経 xTECH』

　2023年の発売当初は「5000万円ほど」（福澤氏）を想定しているが、「今後10年で2000万円ほどにしたい」（同氏）と意気込む。誰もが購入しやすい価格ではないが、エアタクシーやライドシェアに用いる機体としては、現実的な価格帯といえそうだ。

　CARTIVATORとSkyDriveが手掛ける機体は、2次電池の電力で駆動するモーターで飛行するフル電動型VTOL機である。上下に配置した

図表5-2　SkyDriveが手掛ける空飛ぶクルマのイメージ（出所：SkyDrive）

回転翼（ローター）を１組とし、それを４組、計８つのローターを備えている。

　さまざまな場所で離着陸し、「ドア・ツー・ドア」の飛行が可能になるように、垂直離着陸と地上走行を可能にする考え。地上走行用に３つの車輪を搭載する予定だ。eVTOL機の中には、回転翼に加えて固定翼を備えるものがある。固定翼がある方が、回転翼だけの場合に比べて少ないエネルギーで巡航できるものの、機体が大きくなる。そこで、公道を走れるサイズにとどめるために、固定翼は採用しない予定だという。実際、CARTIVATORやSkyDriveが見せている機体のイメージには固定翼はない（図表5-2）。

5-1-4　日本人とイスラエル人の夫婦が起業した「NFT」

　日本企業ではないものの、日本人のカプリンスキー真紀氏が、夫でイスラエル人のガイ・カプリンスキー氏とともに2018年に米国シリコンバレーで立ち上げたのはNFTである[注]（図表5-3）。カプリンスキー夫婦は、米General Electric（GE）のデジタル事業部門、GE Digitalに、以前起業したIoT（インターネット・オブ・シングズ）スタートアップを4000万ドルで売却したことで知られる。

注　中田、「日本人とイスラエル人夫婦の連続起業家、空飛ぶ車に挑む」、『日経 xTECH』

　NFTは開発中のeVTOL機の詳細を明かしていないが、地上を走行できるハイブリッド型の機体を開発中。防衛産業に強みを持った「ドローン先進国」であるイスラエルにも開発拠点を設ける。ドローン分野で経験豊富なイスラエルの技術者を採用している。

図表5-3　NFTの機体のイメージ（出所：NFT）

　NFTは、2019年1月のCES 2019で空飛ぶクルマのデザインを公開し、そのスケールモデルを展示する予定だった。しかし、それを中止し、一足飛びにフルスケール機を試作して、2019年10月ごろに試験飛行を実施することにした。既に機体のデザインは決めており、10月ごろにそのデザインを公開する考えだ。

　フルスケール機の開発を加速させるため、現在20人ほどいる技術者を35人にまで増やす予定。現時点では自己資金で研究開発を進めており、フルスケール機の開発や人員増強のために、その資金額を500万米ドルまで増やす考えである。

　量産に関しては、製造経験豊富な自動車分野のメーカー、中でも日本の自動車メーカーや自動車部品メーカーと連携したいとしている。ただ、現在、強い関心を寄せているのは、欧州のティア1企業だという。

　このように、eVTOL機を手掛ける日本の新興企業も登場し始めるな

ど、産・官・学を巻き込んだ大きなうねりになりつつある。モーターやインバーター、パワーデバイス、2次電池といった要素技術で強みを持つ日本勢が、先行する欧米勢に追い付けるか。ここ5年が勝負になりそうだ。

コラム

電動化で変わる航空機の設計、
部分最適から全体最適へ

「航空機電動化コンソーシアム」メンバーの座談会から ―――

　CO$_2$の排出量を大幅に削減できるとして、航空機分野で期待を集める電動化技術。日本では、宇宙航空研究開発機構（JAXA）が中核となって2018年7月に立ち上げた「航空機電動化（ECLAIR）コンソーシアム」が精力的に活動している。「空飛ぶクルマ」と呼ばれるような小型機から200人以上が乗る大型機まで、航空機全般に求められる電動化技術の目標を設定し、その実現に向けた研究開発を行い、日本の航空機産業拡大を目指している。JAXAの組織「航空技術部門 次世代航空イノベーションハブ」が主体となり、自動車関連メーカーや電機メーカーといった、これまで航空機産業とは縁遠かった企業も巻き込みながら進めている。2018年12月には、コンソーシアムとして、航空機の電動化に関する「将来ビジョンver.1」を公開。電動化の開発目標や技術課題などをまとめた。そこで日経xTECHはコンソーシアムを主導する立場にある「ステアリング会議」のメンバーに、コンソーシアムに参加した狙いを含め、今後の活動などについて、2018年12月に座談会形式で話を聞いた。回答したメンバーは、航空機電動化コンソーシアム代表でJAXAの渡辺重哉氏（航空技術部門 次世代航空イノベーションハブ長）と西沢啓氏（同ハブ エミッションフリー航空機技術チーム長）、IHIの大依仁氏（航空・宇宙・防衛事業領域 技術開発センター エンジン技術部 将来技術プロジェクトグループ 担当部長）、日本航空機開発協会（JADC）^(注)の戸井康弘氏（常務理事）、三菱電機の岩田明彦氏（先端技術総合研究所 パワーエレクトロニクス技術部門 主管技師長）、SUBARUの村田巌氏（航空宇宙カンパニー 技術開発センター 担当部長（技術戦略）兼 システム設計部長）である（以下、役職略）。

（聞き手＝根津 禎、構成＝赤坂麻実（ライター））

注　JADCは、旅客機の開発に向けて、国内の機体メーカー5社（三菱重工業、川崎重工業、SUBARU、新明和工業、日本飛行機）が集まって立ち上がった団体である

第5章　電動航空機を日本の基幹産業に

写真5-A　座談会の参加メンバー。左から、SUBARUの村田巌氏、IHIの大依仁氏、JAXAの渡辺重哉氏、JAXAの西沢啓氏、JADCの戸井康弘氏、三菱電機の岩田明彦氏

——航空機電動化（ECLAIR）コンソーシアムの発足から約半年が経過した。これまでの活動から、得られた知見や発見などについて教えてほしい。

SUBARUの村田氏： 航空機業界やエレクトロニクス業界といったさまざまな立場の企業が参画しているとはいえ、ECLAIRでの技術に関する議論はプリミティブ（根源的）なものなので、業界は違えども悩みは同じである。例えば、高度が高くなると低気圧環境となり放電しやすくなるので、それをどう抑制すればいいのか。そうした技術要素まで分解すれば、技術屋が技術の話をする限り、議論はかみ合う。

JADCの戸井氏： 航空機分野では、「軽さ」を重視する。モーターであれば、重さ当たりの出力密度を、2次電池であれば重さ当たりのエネルギー密度を高めることが求められる。一方で、これまでのパワーエレクトロニクス（パワエレ）は、航空機業界からしてみると、軽さを十分に考慮したものではなかった。とはいえ、モーター単体や2次電池単体で改良を加えればいいわけではない。電動化というと、要素技術単体に話がいきがちだが、全体でどう軽量化したり、高密度化したりするのか、「機体目線」で検討することが重要である。安全性の確保も同様だ。そのため、機体メーカーやエレクトロニクスメーカー

といったさまざまな立場の企業との「すり合わせ」が不可欠になる。それだけに、航空機業界とエレクトロニクス業界が議論できるECLAIRは重要な場だと思う。

　エレクトロニクス業界の人たちと議論して感じたのは、電子部品は機械部品に比べて壊れやすいという認識が必要だということ。一方で、それを前提に、エレクトロニクス業界には信頼性を設計する手法があることを知った。それを踏まえて電動航空機でどう安全性を確保できるのか考えていきたい。それこそが機体メーカーとして、ECLAIRで果たすべき役割だろう。

──パワエレでは、これまでの体積当たりの出力密度やエネルギー密度を考慮してきた。

三菱電機の岩田氏：パワエレの高密度化をけん引してきた自動車では、車体の空いたスペースにいかに詰め込んでいくかという考え方で、体積当たりの出力密度を向上させてきた。航空機の場合、ここにさらに重さ当たりの出力密度という指標が加わる。これまで培った小型化技術を取り入れると共に、重さ当たりの出力密度を高める新しい技術開発が必要になる。例えば、電圧を高めて電流を減らし、ケーブルを細くして軽量化したり、低損失なSiCパワーデバイスを利用して冷却器を軽くしたりすることが考えられる。このとき、単に軽くすれば済むわけではなく、信頼性も同時に向上させる必要がある。

──軽量化と信頼性の確保はトレードオフの関係にあるのか。

岩田氏：一般的にはそうで、堅牢な電子部品はそれなりに重さがある。そして軽量なエレクトロニクスは、堅牢さを犠牲にする面があるのは事実だ。しかし、エレクトロニクスの特徴はち密な制御技術であり、それらを駆使することで脆弱性を補って信頼性を高められると考えている。

IHIの大依氏：トレードオフの関係にあるものを解決していくには、機器レベルやユニットレベル、パワーモジュールレベルで考えるとともに、それらを

第5章　電動航空機を日本の基幹産業に

組み合わせた、もう1つ上のレベルで考えることも重要になる。現在の航空機における冗長性とは違った意味での「多重化」や「協調化」の議論が、電動化では必要になってくる。

全体最適での設計が不可欠

── 電動化では全体を考慮して設計する必要がある、ということか。

村田氏: 従来、航空機の機能は「箱（機器や装置）」単位で考えられてきた。すなわち、部分最適を積み上げる考え方だ。ただし、質量を厳密に考えるべき航空機の世界では、箱という枠を取り払って全体最適で考える必要がある。安全に飛行するために必要な機能をまず整理して、その上で電動化技術を含めて、どのような箱を組み合わせて実現するのか、考えるべきである。そうでなければ、電動化のうまみは見えてこない。

　例えばバッテリー（2次電池）や発電機といった電力源の配置場所を考えるにしても、本来ならインバーターやモーターのそばに設置する、いわば「地産地消」のような構成の方が伝播損失を小さくできるので、効率がいい。ところが、従来の旅客機では、燃料タンクは胴体部分に配置されている場合がある。そうなると、翼に設置されたモーターから遠くなるので、それはあまり「得」にならない。そういったことをよく検討する必要があるし、このコンソーシアムがあるからこそ検討できることだと思う。

大依氏: 電動推進系全体として、あるいは装備品システム全体として、エアライン（航空会社）や航空機メーカー、乗客にどのような価値を提供できるか、そこから考えるべきだろう。従来は、大手航空機メーカーがフローダウン（伝達）してきた仕様に合った装備品や部品などを作るという考え方だった。

　個人的には、航空機の電動化は3段階あると思う。最初はエネルギーのムダをなくすための電動化、次にエネルギーを燃料から電池へ変える電動化があり、第3段階に（複数のモーターを配置する）分散推進や応答性の高い制御、高精度な制御など実現するための電動化がある。第3段階まで見据えて、バックキャスト（将来予測や目標）で今何をすべきか考えたい。

189

―― 箱単位ではなく組み合わせで効果を生むという話だが、電動化を航空機メーカーに提案するときの形はどうなるのか。

JAXAの渡辺氏：世界の大型航空機の市場はプレーヤーが固定されてきた。一方で、電動化が進めば、パラダイムシフトが起きて、新しいプレーヤーが主導権を握れる可能性がある。そんなときに、箱単位で売り込んでいく形では可能性が狭められてしまう。せっかく、いろいろな「強い技術」を持った企業や団体が集まったコンソーシアムができたので、ある程度まとまった技術として、統合した形で戦っていくのが望ましい。ただし、特別な技術を持ち、個別に戦いたい企業の活動もしっかりサポートしていきたい。

大依氏：航空機電動化に関しては、さまざまな形のビジネスが出てくるはずで、こうでなければならないという正解はない。常にいろんな可能性を考えながら、最適な選択をしていく。

村田氏：箱という枠を取り払うのに加えて、ソフトウエアをうまく使うことも考えたい。ソフトは重さがゼロで、よくできたソフトは壊れない。ぜひ取り入れて、すばらしいシステム構成を実現したい。ラジオをイメージしてもらうと分かりやすい。昔は送信器と受信器があってラジオだったのが、今はSDR（Software Defined Radio）で処理できる。スマートフォンも、ハードウエアで実行していた処理をソフトに置き換えて小さくできた。ソフトも含めて組み合わせを考えるのが方向性として正しいはず。その感覚をみんなで共有できる場（ECLAIR）ができたことがとても心強い。

戸井氏：航空会社は、常に機体の整備性向上を求めている。それだけに、従来よりもメンテナンスが容易になると期待されている電動化は大きな価値を生む。さらに、航空会社は、ソフトウエア技術やネットワーク技術といったデジタル技術を駆使して、運航効率を高めようとしている。その際、電動化（エレクトロニクス）技術はデジタル技術と相性がいいので、運航の効率化に向く。

大依氏：デジタルトランスフォーメーション（DX）の動きと電動化の動きは

相通じるものがある。そういうことも含めて、電動化とともに航空機業界にゲームチェンジをもたらすコア技術だといえる。

電動化を考慮した設計ツールが必須

—— ソフトウエアや設計ツールの研究もコンソーシアムで取り組んでいくのか。

JAXAの西沢氏：システム全体の設計・検証を実施するツールは必要であり、そういったものはできるだけ共通化されているのが望ましい。そこで、「MBD（Model Based Development）」対応で、電動化も考慮したシミュレーションツールが世界各国で開発されている。電動化したシステムはモデル化しやすい。我々も、自分たちでツールを作るかどうかは別として、ツールを使った初期段階の設計や、開発・試作したものの評価で、MBD対応ツールを当然取り入れていく。ECLAIRにおいて、ツール開発は2019年以降の重要なテーマの１つになっている。

—— ツールは誰が作るのか。

大依氏：企業単体でツールを手掛けるのは難しい。JAXAのような研究機関や大学などとの協力は不可欠だ。

渡辺氏：JAXAにも電動化を考慮したプリミティブなツールはあるので、各社の知見を入れてJAXAが主導して作る形もあり得る。企業が作ることも考えられる。そこは今後、ケースバイケースで検討する。海外でも、電動化を考慮したツール群を研究開発している企業や研究機関があり、JAXAには連携の話がいくつか持ち込まれている。ある範囲まで共同開発し、後は差異化する戦略もあっていい。スピード感を持って取り組むのが何より重要である。

電動化に向けた4つの課題

—— コンソーシアムは2018年12月に、航空機の電動化に関する「将来ビジョンver.1」を公開した。その中で、電動化に向けた技術課題をまとめているが、分類して教えてほしい。

西沢氏：将来ビジョンには、今ある技術の延長で解決できる課題をほとんど入れていない。将来ビジョンの1番目に挙げた「出力密度の向上」は、現状技術と旅客機に適用すべき目標水準とのギャップが大きく、まだどこにも存在しない。

　2番目の「電池の安全性とエネルギー密度向上の両立」に関しても、旅客機に適用できるエネルギー密度は自動車よりも要求水準が高く、安全性も自動車より要求が厳しい。そもそも、安全性とエネルギー密度はトレードオフの関係にあるので、両立はハードルが高くなる。おそらく、今のLiイオン2次電池の延長線上に解はないと思われる。

　3番目が「高効率化」。電動化によって設計の自由度が向上するので、空力抵抗の低減などに関わる新しい技術を導入することが考えられる。例えばBLI（Boundary Layer Ingestion）のように、今の航空機には使われていない技術だ。これも、原理は分かっているものの、設計までできるかといえば容易ではない。

　4番目が「安全性・信頼性」。ジェットエンジンなどの内燃機関とモーターを併用する「ハイブリッド型」だと、ジェットエンジン単体で構成する従来の推進系に比べて、故障率は上がってしまう。自動車をハイブリッド化・フル電動化する際の技術を参照できるものの、「高高度環境への適応」に新しい技術を必要としている。放電をいかに抑制するのか、高宇宙線環境でパワーエレクトロニクスの信頼性をどう確保するかなど、航空機ならではの課題がある。このほか、非常に高温なジェットエンジンの周囲で電動のデバイスをいかに運用するのか、電動システムの熱をいかに制御するのか。高高度環境では単なる空冷では用をなさないと思われる。

　さらに、低高度で多数の機体が運用されることになるeVTOL機では騒音の低下も求められる。エンジンに比べてモーターは静かなものの、回転翼は原

理的に空力騒音が大きいので、抜本的な解決は難しい。eVTOL機は、推進系の故障に対する信頼性保証も非常に重要な課題だ。解決しなければ人を乗せて飛べない。

これらの技術課題の解決は、単独の企業だけでは困難だ。特に、信頼性には素材も大きく関わるので、化学メーカーや素材メーカーの協力は必要不可欠であり、日本の強みはまさにそこにある。実際に、一般会員として数社の化学メーカーがECLAIRに参加している。

パワエレは高高度特有の課題を克服すべし

—— パワーエレクトロニクスに関しては技術課題をどう捉えているか。

三菱電機の岩田氏：パワーエレクトロニクスには軽量化と信頼性がどちらも高いレベルで求められていて、両立には技術的なジャンプアップが必要だ。

例えば、軽量化には2つの方向性がある。1つはSiCパワー素子といった半導体部品の選定や回路方式の最適化で効率を高めることである。もう1つは、高電圧化によって電線などを軽くする方法だ。ただし、電圧を高くすると、高高度で信頼性を確保することが難しくなる。そこで、センシングや診断で状態を把握し、それを考慮した制御で信頼性を確保することになる。

そもそも、高高度というだけでも気圧や宇宙線の問題で信頼性は下がる。高度が上がって気圧が下がると、回路の故障原因となる「コロナ放電」が生じやすい。高高度ほど、宇宙線の量が多く、半導体が誤作動する確率が高まる。こうした環境変化によって生じる課題を、1つひとつ克服する必要がある。さらに、パワーデバイスやパワエレ機器などの劣化や、故障を前提にしたシステム設計が不可欠である。劣化診断や故障診断などを取り入れて、信頼性をより一層向上させることになる。

—— **自動車のハイブリッド化では実装技術も信頼性を高めるためのキーファクターとされている。それは航空機の電動化でも同じことか。**

岩田氏：自動車と同じく、実装技術は重要である。高密度に実装したシステ

ムの信頼性を評価し、「アク出し」するのが重要だ。評価環境が航空機と自動車では異なるものの、その部分はこのコンソーシアムのメンバーの知見を生かせるはず。電機メーカーとしては航空機業界から環境評価の技術・知見を早く取り入れていきたい。

2030年代に照準

——航空機の電動化は、いつごろ本格化するとみているのか。

JADCの戸井氏: 日本メーカーが強い技術・製品を実現し、それを事業として立ち上げるとなると2030年以降になるだろう。「売れ筋」である小型旅客機（120〜200席前後の単一通路の細胴機）の交代時期が2030年代に到来する。そこに照準を合わせて、電動化の取り組みを進めるのがいいと考えている。

——そのスケジュールはECLAIRメンバーで共有しているのか。

西沢氏: ECLAIRは基本的に、1つの目標を達成するために全員を束ねるような組織ではなく、さまざまな立場の人がいろいろな目標を掲げて、協力しながら活動する枠組みにしたいと思っている。今後、実際に活動しながら、技術成果がどの段階でどう出て、ということが明らかになっていく中で、種々のタイミングが決まっていく。

——航空機の装備品に目を向けると、既に電動化の比率が高まっている。

IHIの大依氏: 航空機電動化の流れの中で、装備品の電動化に関して、我々のような日本の航空機システムや装備品メーカーが「航空機・エンジン電動化システム研究会（MEAAP）」を2012年に組織し、次世代の電動装備品やそのシステム価値に関する研究開発を進めてきた。2018年には、装備品の電動化に向けて、秋田大学と秋田県立大学の研究者たちが「アキタ・リサーチ・イニシアチブ（ARI）」を立ち上げ、そこに当社も参加している。しかし、企業だけで活動するのはどうしても限界がある。だからこそ、JAXAのもとで協力し合

第5章　電動航空機を日本の基幹産業に

いながら、世界の動きに近づいていきたいと考えた。

―― 活動の入り口は装備品の電動化（MEA：More Electric Aircraft）という認識か。

大依氏：規模からいっても、課題からいっても、そうだと考えている。それは、このコンソーシアムが掲げるビジョンや技術ロードマップとも一致している。これは日本に限った話ではなく、海外も同様だ。

「なぜ電動化しないのだ」

―― SUBARUは、固定翼機や回転翼機を手掛けている。航空機の電動化に関して、どのタイミングで何を事業化するか、ある程度決めているのか。

SUBARUの村田氏：現在、当社は電動航空機の開発に取り組んではいない。だが、今後どのような航空機を作るにしても、電動化を検討することは避けて通れない。今後の航空機を議論するうえで、必ず「なぜ電動化しないのだ」と問われることになる。それくらい、破壊力がある言葉だ。

　しかし、電動化すれば経済性や安全性が飛躍的に向上するのかといえば、そこはよく見極める必要がある。電動化に向けた課題を具体化するという意味でもコンソーシアムは有効だと思う。冗長性や信頼性を担保しつつ、「これは電動化した方がいい」「これは従来の油圧や空圧が向く」という判断を下していきたい。

渡辺氏：JAXA側から少し補足させてもらうと、世界の航空機業界は、「2005年比で2050年のCO_2排出量を半減」という目標を掲げている。その達成に電動化は不可欠だと考えている。近い将来については村田氏の言うように1つひとつのパーツについて電動化が得か損かという議論が進むだろう。ただし、もっと先の未来には、「電動化されていなければ航空機にあらず」とみなされ、環境負荷の観点から飛行できなくなるかもしれない。その危機感に関しては、ECLAIRの参加各社と共有できている。

西沢氏：何年にどんなものを社会実装するという具体的なターゲットは各企業の戦略である。ECLAIRは主に各社が必要とする技術を円滑に効率よく作り上げることを目指している。その活動の中で何年ごろに、「こんな電動化技術を社会実装する」という目標を掲げていくことになるだろう。

―――競合企業が参加するコンソーシアムでは、「競争領域」と「非競争領域（協調領域）」をどう線引きして、議論を進めているのか。

JAXAの西沢氏：少なくとも、電動装備品システムや電動推進系といった「全体」を評価するのは協調領域である。個別の技術のノウハウを明かすことなく、性能を決めれば航空機を運用する際のシステム全体を評価できる。一方、「ある課題を○○という技術で解く」という話は競争領域になる。そこを切り分けて、各社がコンソーシアムの活動をなるべくうまく利用してもらえるような体制作りをしていきたい。

JAXAの渡辺氏：一般論として、日本の航空機関連企業は協調領域とみる範囲が狭い。（開発中の技術が実際の航空機に搭載できる水準にどれだけ近いかを表す指標である）「TRL（Technology Readiness Level、技術成熟度レベル）」で見ると、新しいアイデアの着想段階である「TRL1」までが協調領域で、そのアイデアをどのような形で何に応用するのか明確にする「TRL2」や、PoC（概念実証）を行う「TRL3」から競争領域とする日本企業が大半だ。一方、欧州の場合、システムとしての技術成立性を飛行試験によって実証する「TRL6」までを協調領域とする場合が多い。日本の各社がTRLの低いレベルから競争しているうちに、欧州勢は協調してTRLの高いレベルまですぐに到達してしまう。そこでECLAIRにおいて、協調領域のレベルをいかに上げられるかが重要になる。これは個社にできないことなので、JAXAのような公的な研究機関や経産省が入って、協調領域のTRLを高める必要がある。

第5章　電動航空機を日本の基幹産業に

認証が課題、舞台はSAE

——ECLAIRでは、技術課題の洗い出しに加えて、電動化技術の事業化に関する課題を整理することも目的にしている。具体的にはどのようなことか。

西沢氏：例えば、認証（耐空証明）である。技術を開発しても、社会実装されるまでには認証を取得しなければならない。ある意味では、技術開発自体よりもハードルが高いかもしれない。米国や欧州では、航空機の電動化技術に関する認証の仕組み作りが進んでいる。だが、日本のプレーヤーがあまり参画できていない。でき上がった認証制度に後から対応するのでは、認証作りに参加していた国より出足が遅れる。いつごろにこんな社会実装があり得て、それならいつごろまでに技術開発を行い、認証を取得して事業化する、という流れを押さえた現実的なロードマップを今後作っていくつもりだ。

——認証作りに日本としてどう参画していくのか。

西沢氏：少なくとも「SAE（Society of Automotive Engineers）International」（米自動車技術会）などの認証基準作りの会合に参加して情報を得るつもりだ。さらに、積極的に意見を出して、その意見が反映されるように働きかけていくべきだが、JAXAにはまだそこまでの実績がないので難しい面がある。

——SAEはやはり米国企業の存在感が大きいのか。

IHIの大依氏：SAEは、米国で設立されたメーカーを中心とした自動車業界の標準化団体だが、現在は航空機を含めたモビリティー全般の標準仕様を策定している。参加メンバーの数は2018年12月時点で8300人ほど。これまで策定した標準仕様の数は、およそ7500件に及ぶ。

　2014年から2018年にかけて、航空機の電動化に関する標準仕様を策定する新たな委員会が次々と発足した。航空機標準化会議の司令塔として「航空機電動化ステアリンググループ（EASG）」を設置するとともに、「AE-6」ではエンジンスターターを電動化した「モアエレクトリックエンジン」や補助発電シス

テム、「AE-7」では機器の高電圧関係、「AE-8」ではワイヤーケーブルの高電圧関係、「AE-7D」では2次電池の充放電、「AE-9」ではキャパシターや磁性体といった部品や材料関係を議論している。2018年10月には、電動推進系の標準仕様を議論する「E-40」が発足した。航空機の電動化に関して言えば、ハイブリッド車や電気自動車といった電動車両に関する仕様を議論し、策定している既存の委員会と連携して、航空機の電動化の各種標準仕様を作っていく流れになっている。

　航空機の電動化に関する委員会には、米国生まれのソサイエティーにかかわらず、世界中から人が参加している。航空機の電動化に関しては、例えばフランスAirbusグループの存在感も大きい。FAAやEASAも積極的に意見を発信している。地域別にみると、SAEの参加メンバーのうち約12％がアジアからである。そのうち、約半分、つまり全体の6％しか日本人がいない。これはあくまでSAE全体の話で、航空機の電動化に関するステアリンググループや委員会には、私を含め数人と、日本人はほぼ皆無である。極端に言えば、日本を除く海外の企業や研究機関が積極的に参加し、議論している状況だ。海外勢は、標準仕様に自分たちの要素技術を入れてもらおうと、議長の席を巡り火花を散らしている。大企業だけでなく、スタートアップのような新興企業でさえ、名乗りを挙げている。

渡辺氏：個人的には、情報収集だけでは不十分という焦りがある。どこまでできるか分からないが、JAXAやECLAIRのメンバーが、国際的な基準作りに関与しなければならないだろう。国土交通省にも、航空機の電動化に関する各種標準を策定している会合に早い時期から参加してもらうように声掛けしたい。

大依氏：日本にも、JAXAの「航空機用電動推進システム技術の飛行実証（FEATHER事業）」でフル電動の小型航空機を飛ばした実績がある。これは世界の航空業界でよく知られており、SAE側から、「FEATHER事業の技術開発の過程は、航空機の電動化にとって大きな意味があるので、ぜひJAXAにSAEの会合で発表してほしい」と要望されている。こうしたことを足掛かりに、SAEで発言する機会を積極的に増やしていきたい。

官民協議会と役割は別

——2018年に経済産業省と国土交通省が合同で設立した「空の移動革命に向けた官民協議会」ではスタートアップの存在感も大きい。ECLAIRにおけるスタートアップの立ち位置は。

西沢氏：スタートアップであろうとなかろうと特に区別はしていない。eVTOL機に関しては制度設計などを官民協議会の方で議論し、技術的な課題は今コンソーシアムで検討していく。2019年以降、そうした枠組みができ上がっていく。

渡辺氏：官民協議会とECLAIRはどちらも2018年夏に設立されて、同じようなものが2つあるように見えるかもしれない。しかし、そうではない。官民協議会は「空飛ぶクルマ」と呼ばれるような、数人乗りの小型のeVTOL機が主な対象だ。航空機業界では、旅客機が排出するCO_2の大幅な削減がゴールであり、その実現手法として、電動化に注力している。この流れの中に、空飛ぶクルマ（eVTOL機）がある。空飛ぶクルマの社会実装や基準作りに関するロードマップの策定を官民協議会に任せ、コンソーシアムではその成果を取り入れて整合性を取りつつ、将来の旅客機の電動化につながる技術開発を進めていく。

空飛ぶクルマ
電動航空機がもらたらすMaaS革命

2019年5月1日　第1版第1刷発行

著　　　者	根津 禎（日経BP社 シリコンバレー支局）
発　行　者	望月 洋介
発　　　行	日経BP 社
発　　　売	日経BP マーケティング
	〒105-8308　東京都港区虎ノ門4-3-12
装　　　丁	bookwall
カバー墨絵	茂本ヒデキチ
制　　　作	マップス
編　　　集	松山 貴之
印刷・製本	図書印刷

© Nikkei Business Publications, Inc. 2019　Printed in Japan
ISBN978-4-296-10187-0

本書の無断複写・複製（コピー等）は著作権法上の例外を除き、禁じられています。
購入者以外の第三者による電子データ化及び電子書籍化は、私的使用を含め一切認められておりません。
本書籍に関するお問い合わせ、ご連絡は下記にて承ります。
https://nkbp.jp/booksQA